Norbert Bilbeny

LA IDENTIDAD
COSMOPOLITA

Los límites del patriotismo
en la era global

editorial Kairós

© Norbert Bilbeny, 2007

© de la presente edición:

2007 by Editorial Kairós, S.A.

Editorial Kairós S.A.
Numancia 117-121, 08029 Barcelona, España
www.editorialkairos.com

Nirvana Libros S.A. de C.V.
3ª Cerrada de Minas 501-8, CP 01280 México, D.F.
www.nirvanalibros.com.mx

Primera edición: Septiembre 2007

I.S.B.N.: 978- 84-7245-656-3

Depósito legal: B-34.608/2007

Fotocomposición: Beluga y Mleka, s.c.p., Córcega 267, 08008 Barcelona

Tipografía: Times, cuerpo 11, interlineado 12,8

Impresión y encuadernación: Indice, Fluvià 81-87, 08013 Barcelona

A Marta Jové, juntos en travesía.

SUMARIO

1. COSMOPOLITAS BAJO SOSPECHA

El cosmopolita no es un viajero cualquiera. Cada vez hay más viajeros, pero pocos son cosmopolitas. Al llegar a su destino, el viajante profesional o el turista visitará monumentos, museos, centros comerciales y puede que algún buen restaurante. Son los "centros de interés" que ha repasado en su guía y se le recuerda en el hotel. Sin duda, son de "interés".

El cosmopolita tiene sus propias preferencias. Además de visitar un teatro o una catedral, le gustará ir, por ejemplo, a un mercado, para saber de las costumbres del lugar; a las librerías de viejo, para familiarizarse con su cultura; a un barrio de inmigrantes, para hacerse una idea más completa del medio social; o incluso a un cementerio, si quiere conocer el pasado de la ciudad. Y, por descontado, el cosmopolita, a diferencia de otros viajeros, hará lo posible por conocer en directo, conviviendo con ella, a la gente que habita el lugar que visita, y que es el mayor "centro de interés" de cualquier destino.

Cosmopolita es quien se encuentra bien en la diversidad y la novedad no le incomoda. En cambio, el patriota sólo se siente bien en lo conocido e igual. Son dos formas de sentir, pero sobre todo de pensar. Sin que correspondan, por ello, a dos respectivas ideologías: hay cosmopolitas conservadores y patriotas de izquierdas. En realidad, se trata de dos mentalidades opuestas, con sus dos correlatos de personalidad, a la vez resultado y origen de tales maneras de pensar. Sin embargo, parece que convivan en equilibrio: cuanto más pesado es el patriotismo, más alto vuela el cosmopolitismo, y cuanto más abstracto e intangible se vuelve éste, más aumenta la nostalgia por los lazos a flor de tierra. Asimismo se complementan en sus propuestas: el patriotismo tiene más poder político, pero menos riqueza filosófica, mientras que su opuesto real, el cosmopolitismo, apenas dispone de poder político, pero goza de mayor riqueza de pensamiento. Patria y pensamiento son difíciles de casar, pero política y cosmovisión no lo son menos. Nuestro trabajo está, aún, en que puedan sentirse atraídos entre sí.

De una parte, como acabo de decir, el patriota cuenta con un poder político detrás. Hay muchos patriotismos y no hay ninguno que no sea fuerte. La mayoría dispone de un ejército propio. Además, el patriota cree en algo concreto: una patria es una extensión en el espacio, una historia en el tiempo, una experiencia que contar en sociedad. Contra ello, el cosmopolita juega en absoluta desventaja: el cosmopolitismo no tiene territorio propio y distintivo, no lo apoya ninguna sociedad o pueblo, y sobre todo es débil y es uno solo, porque no se distribuye por regiones, ni tiene ejército. ¿Contra quién pelearía un ejército del mundo? Además, los cosmopolitas no cuentan todavía con un idioma compartido, mientras que los patriotas nacen y se hacen con un idioma común que los une con gran fuerza.

Ahora bien, aunque débil en instituciones, el cosmopolitismo posee más riqueza filosófica. Su premisa es la apertura del individuo al mundo, no su dedicación a lo local, cosa que le imprime una distinción o prestigio intelectual que no suele acompañar al patriota como tal. Nadie, en cambio, se preocupa de saber quién hay detrás del patriota, ni qué ideas tiene. Lo importante es que es patriota, y basta. No así ante el cosmopolita: ¿quién es?, ¿por qué ha llegado a adoptar esta creencia? Por otra parte, si bien el cosmopolitismo no se basa en lazos psicológicos tan fuertes como el patriotismo, al menos aquéllos no sientan diferencias. El sentimiento patriota es excluyente; el cosmopolita lo es mucho menos, o no lo es. Así, y éste es otro distintivo, el ideal cosmopolita no se transmite por entusiasmo, sino por seducción, a diferencia de la llamada a la patria. Los gestos de altruismo internacional son menos comunes y llamativos, pero se aceptan como más ejemplares y convincentes en el orden de lo ético. De esta manera, una ventaja añadida a la escasa fuerza emocional del cosmopolitismo es que cuando éste fracasa no padecemos tanto como sucede al estrellarse el patriotismo, por ejemplo cuando se pierde una guerra, o un pedazo de territorio, o una copa internacional de deporte. El cosmopolitismo es débil, pues, en el hecho, pero no en la idea.

Y, sobre todo, es una idea que se puede universalizar. Quien pone por encima del resto la fidelidad al país depende de un hecho contingente, el trazado de fronteras, y se agarra a una visión particular y parcial de la política. Millones de jóvenes han muerto por patrias que ya no existen. En contraste, el cosmopolita debe poner lo universal sobre lo particular, y los principios que unen sobre los que, queriéndolo o no, separan. Sus premisas siempre resultan más claras, en fin, que las de los patriotas. Porque: ¿qué determina a un conjunto social como "patria"? ¿Por qué a veces se forman "patriotas" opuestos dentro de ella?

En el uso político, la palabra "cosmopolita" es tan antigua como el término "patriota" —ambos aparecen en el siglo XVI europeo— y es anterior al adjetivo "internacionalista", usado a finales del siglo XVIII para referirse a la doctrina sobre el nuevo "derecho de las naciones". Los cosmopolitas no son necesariamente antipatriotas. Ante todo son o se sienten "ciudadanos del mundo", que en diferentes formas y grados han reclamado para sí numerosos filósofos y literatos, científicos y artistas, aristócratas y revolucionarios, misioneros y mercaderes, académicos y músicos de nueva ola. «Fueron el *rock and roll* y los tejanos –dijo en 1990 el presidente checo Vaclav Havel al dar la bienvenida a los Rolling Stones– los que a la larga derribaron ese telón de acero.» Y el judaismo y el islam no tienen menos representantes cosmopolitas que los que pueda tener el cristianismo. La "cristiandad" de los renacentistas era cosmopolita. La "Europa", después, de ilustrados y románticos, más todavía. Finalmente, algunos grandes mitos de la llamada "modernidad", como el Mercado y el Estado, o la Identidad y la Educación, han tenido su arranque, y continúan justificándose, así, con la mención a su proyecto cosmopolita, "universal" de origen, aunque pronto conformado a lo "nacional". En cualquier caso, y en el orden de las instituciones y discursos en busca de distinción, la vocación cosmopolita se ha dejado oír más veces y más claro que la dedicada a resaltar lo patrio. Para la Europa moderna y hasta hoy, ser cosmopolita tiene prestigio y ser patriota lo resta.

Desde finales del siglo XVII, con la Paz de Westfalia (1648) como precedente político, y hasta la Primera Guerra Mundial, Europa cree habitar un cosmos estable y reconciliado. Desde Descartes hasta Popper, desde Newton hasta Einstein, o desde Defoe hasta Joyce, el orden de la modernidad busca una justificación cosmopolita.[1] Los mitos de la era moderna presuponen una nueva visión clásica del universo, donde la diversidad está integrada y en equilibrio. Los artífices e intérpretes de estos mitos, los mencionados más arriba, son cosmopolitas. Aun defendiendo lo particular –el proletariado, lo inconsciente, el superhombre–, lo hacen en clave universalista. Sin embargo, las dos guerras mundiales y la subsiguiente guerra fría quiebran esta armonía. El mundo está dividido en bloques y poblaciones enteras han tenido que morir por lealtades excluyentes, como en las antiguas guerras de religiones, entre la masacre de San Bartolomé y aquel 1648. El arte y la literatura son un fiel reflejo de este dramático paréntesis, el de un corto (1918-1989), pero interminable siglo XX, secuestrado, como el XVI, por el extremismo ideológico vuelto de espaldas a la mundialización y sus oportunidades, recalcadas por la razón cosmopolita.

Defender el cosmopolitismo volvió a ser fácil después de 1989, con la caída del muro de Berlín y la desaparición de los bloques, en coincidencia con el inicio de la llamada "globalización". El primer acontecimiento supuso un renacimiento de lo urbano y de los poderes regionales; el segundo, una intensificación del comercio y las comunicaciones internacionales. Por ambas cosas, la razón cosmopolita tenía otra vez donde arraigar y justificarse. La globalización no era aún la "mundialización" –en inglés no puede formularse este concepto con la palabra *world*– y se ceñía al marco capitalista, pero abría unas expectativas de ensanchamiento territorial y social que los cosmopolitas adivinaron de inmediato. Si los fenómenos de interdependencia continuaban acelerándose, era consistente con la realidad el imaginar una sociedad civil global y especular con un futuro gobierno mundial. Bajo el techo de este renovado cosmopolitismo se albergaron, al menos, tres tendencias de pensamiento. Una apostaba por la continuidad de los estados, pero en busca de una mayor coordinación entre sí. Otra, por lo contrario, apelaba a la primacía de la comunidad mundial. Una tercera, intermedia, propuso combinar el orden internacional establecido con un modelo globalista de justicia y derechos. Fue una época en que proclamar el principio de la soberanía nacional se vio casi incorrecto y defender el patriotismo resultó obsceno. El nuevo orden mundial dependía del poder norteamericano, pero permitía pensar, desde su seguridad, en una u otra ventaja de las interpretaciones cosmopolitas.

Hasta que sucedieron los ataques terroristas de septiembre de 2001 en el propio suelo de Estados Unidos. También fue derribada la idea cosmopolita y todos los cosmopolitas fueron puestos, desde entonces, bajo sospecha. De un plumazo desaparecieron las simpatías y los acuerdos, más o menos teóricos, más o menos programáticos, por un nuevo orden mundial democrático y una ética civil compartida. La *War on Terrorism* y las reacciones antioccidentales suscitadas por ella acabaron poniendo juntos a terroristas y pacifistas, patriotas sin un estado fuerte y cosmopolitas de todo tipo y lugar. A diferencia, pues, de lo ocurrido tras 1989, el escenario posterior a 2001 arrincona la idea cosmopolita y se refiere a ella como mucho más lejana y menos atractiva, si no peligrosa. El cosmopolitismo es ya una filosofía proscrita. Es una apuesta demasiado arriesgada para una sociedad, como la occidental, hoy, que se siente precaria y amenazada.[2] Contra el riesgo de atentados terroristas y desastres humanitarios, de reveses económicos y catástrofes naturales, es mejor cerrar filas con los de casa que jugar a ser ciudadano del mundo. Eso último se parece demasiado a la condición de los refugiados sin patria o de los fugitivos del hambre, que no gusta a nadie. Más aún que perder prestigio, el cosmopolitismo ha ganado en imagen intimidante y aparente potencial desestabilizador. Para seguridad y tranquilización es mejor el patriotismo, el orden protector del estado, y confiar, a lo sumo, en que el mundo, por sí mismo, ya devolverá con el tiempo las cosas a su sitio, sin que tengamos que salir al exterior por nuestra parte.

Pero el cosmopolitismo no sólo no ha muerto, sino que ha recibido una inyección de vida como antídoto, precisamente, a la cerrazón patriótica y su causa más inmediata, la percepción del riesgo y el clima moral de inseguridad ante lo nuevo y lo ajeno. Cualquier iniciativa que hoy se quiera mundial presupone adoptar un punto de vista cosmopolita. Así, por ejemplo, un tribunal internacional de justicia, o una autoridad intercontinental para la protección del medio ambiente, difícilmente avanzarán si sus presuntos defensores todavía priorizan la política doméstica sobre la de interés global. De hecho, el cosmopolitismo es una mentalidad que se da por supuesta en la creciente demanda de una alternativa a la globalización neoliberal y a las visiones de la ética civil que se dicen "universalistas", pero arropan todavía creencias territoriales. Si se busca un mundialismo democrático o una ética intercultural, o ambos, para apoyarse mejor, no tardaremos en ver que sin una disposición a observar los conflictos a vista de satélite y tratar a sus protagonistas como semejantes a nosotros todo nuestro proyecto quedará atascado y ni siquiera quedará en bellas palabras, por falta de germen cosmopolita.[3]

Con todo, no se puede oponer el cosmopolitismo al nacionalismo, porque éste es una ideología, y aquél no. El cosmopolitismo es una mentalidad. Una manera vaga e indefinida de pensar, pero también honda y personal. Tanto es así que responde, de hecho, a una personalidad, más que a una explícita teoría o un delimitado programa de acción. Lo mismo, pues, que el patriotismo, su opuesto, que es otra mentalidad o manera de ser personal. Ambas, la mentalidad mundana y la doméstica, no son, en sí mismas, de derechas ni de izquierdas. Son políticas, pero su política es el modo de sentirse cada uno en el mundo, previo a las ideologías.

Para el patriota, su país es su nación o, por lo menos, su tierra. Para el cosmopolita, su país es el mundo entero. No acepta distinguir entre patria y extranjero, y este rechazo es su distintivo. En cambio, para el patriota la distinción es válida y es clara: patria es lo familiar y natural, extranjero es lo diferente y extraño. Pero ya de buen principio creo que habría que señalar tres formas distintas de quererse "ciudadano del mundo". La primera, el pseudocosmopolitismo, o patriotismo camuflado, hace decirnos: «Mi país es el mundo entero, pero después de mi nación o mi tierra». Pensamos que la ciudadanía del mundo está centrada todavía en alguna parte. Es, pues, un contradictorio cosmopolitismo *somewhere*, supeditado a algún lugar. Su contrario es el cosmopolitismo negativo, otra forma confortable de sentirse ciudadano del mundo. Es justo cuando decimos: «Mi país no está en ninguna parte». O así lo dicen los apátridas voluntarios, que se creen de ningún lugar, *nowhere*. En la práctica, ambas clases de cosmopolitismo son inofensivas frente a la robustez del sentimiento patriótico, una por serle fiel, otra por situarse más allá de la confrontación. Puede haber, sin embargo, un cosmopolitismo positivo. El de quien afirma: «Mi país está en cualquier parte del mundo». A diferencia de la visión anterior, todas las patrias están incluidas, también la nuestra. Y ninguna, en la alternativa, prevalece sobre la opción mundialista. De otro modo, sería contradictorio. El mundo está en cualquier lugar del mundo. Cosmopolitismo *everywhere*.

En el presente ensayo se defiende un cosmopolitismo inclusivo como el acabado de citar. De los tres, es el menos susceptible de traducirse o ser aplicado a una ideología. El cosmopolitismo negativo o apátrida se convierte en una testaruda "religión de la humanidad" o es asimilado por el patriotismo moderno para justificar su vocación y poder universales. El cosmopolitismo pátrida, o pseudocosmopolitismo, se conforma, directamente, a la "religión del Estado", y en eso, salvo en su ropaje cosmopolita, coincide con el patriotismo político. En ambos casos, la mentalidad cosmopolita se presta más al formato ideológico que el cosmopolitismo positivo, ni en contra ni a favor de las patrias, sino tan sólo apatriótico. Ser mundano es una manera de ser, una mentalidad, que se mantiene y respeta mejor desde esta tercera vía para sentirse ciudadano del mundo, la positiva o inclusiva. Ocurre así también con el patriotismo, que no es ideología, sino forma de ser, convertida, no obstante, en aquélla, cuando el apego a la tierra natal se trueca en patriotismo político o nacionalista. No se le puede responsabilizar al patriota doméstico de esto último, ni tampoco al cosmopolita mundano, inclusivo, de los usos políticos extremos de su manera de pensar.

En adelante daré por supuesto que hay al menos dos clases de patriotismo. El primero y básico es el patriotismo del lugar. ¿Qué hay de malo en tener apego a la tierra natal o a cualquier otro lugar? Tenemos derecho al hogar y a celebrarlo. Este patriotismo doméstico puede no gustar a algunos, pero la mayoría lo admite, incluso muchos cosmopolitas, que quieren acabar sus días en el lugar donde crecieron. Pero otra cosa es el patriotismo nacionalista, cuando la ideología nacionalista, este artefacto político, trata de explotar el afecto patriótico, desplazando el amor al hogar (*homeland*) en aras del amor a la patria política (*country*). De este patriotismo es de lo que se ha tratado siempre de escapar, desde los antiguos griegos, cuando intentamos hacer una defensa consecuente del cosmopolitismo. También en nuestra época, convulsionada por diferentes retornos al patriotismo político, especialmente por aquel que tiene la hegemonía en el mundo.

Pero ¿se opone el ideal cosmopolita sólo al patriotismo nacionalista? ¿Frente a qué otro modo de pensar se podría ver el cosmopolitismo como alternativa? Esbozaré mi respuesta a manera de conclusión de este primer capítulo. Pero me avanzo a contestar que ya pasó el tiempo de creer que todo lo cosmopolita se opone a todo lo patriótico y sólo a esto último.

Si partimos de la base de que el cosmopolitismo equivale, en sentido amplio, a una visión universalista del mundo, no ceñida a lo particular, entonces es, por supuesto, una visión contraria a la del patriotismo político. No obstante, y por el mismo motivo, hay que añadir, a mi juicio, que consiste en una alternativa frente a otros tipos, hoy, de patriotismo, tan incompatibles con la visión universalista como la idea y el sentimiento nacionalistas. Me refiero no sólo a los patriotas nacionalistas, el conjunto mayor y que habla más alto, sino a los patriotas cosmopolitas (los "pseudocosmopolitas" antes mencionados), pero patriotas al fin y al cabo, aun bajo capa de "patriotismo constitucional". Incluyo también a los patriotas comunitaristas, es decir, a los que desde la filosofía política que antepone la comunidad al individuo justifican el valor de la patria por encima del valor de la comunidad mundial. Y creo que debe hacerse mención, asimismo, de los patrotistas multiculturalistas, quienes desde los postulados de una interpretación diferencialista del multiculturalismo comprenden y revalidan de nuevo las lealtades nacionales (la patria, crisol de las diferencias). Todas éstas son formas, hoy, de patriotismo político, en el que, insisto, no hay que incluir al "patriotismo doméstico", como lo llamé antes, porque no genera incompatibilidad con la visión más amplificada o universalista del mundo.

El cosmopolitismo es un ideal universal, y por eso se opone, ante todo, al patriotismo. Pero hay una segunda premisa que se debe considerar: el cosmopolitismo no es, por necesidad, una alternativa a las identidades locales y los lazos domésticos. El cosmopolita siente horror al domicilio, pero como ciudadano tiene derecho a él, y como ciudadano del mundo tiene el deber de apreciar el apego de la gente a la familia y al hogar. Si no comprende el hecho del patriotismo doméstico es un mal cosmopolita. Por eso, y de la misma manera que un cosmopolita positivo tiene que seguir oponiéndose hoy a "patriófilos" y "xenófobos", debería empezar a hacerlo también, en un nuevo mundo globalizado y plural, hacia otros cosmopolitas, nada menos: los "xenófilos", que aman lo extranjero y odian lo propio, y "patriófobos", que además detestan todas las patrias, incluida la doméstica. En otras palabras, el cosmopolitismo, por lo menos este positivo, porque incluye, no excluye, lo doméstico, debe tomar distancias, a la par, de los cosmopolitas apátridas, para quienes es posible una ciudadanía del desarraigo, y de sus contrarios, los cosmopolitas patriotas, partidarios de un cosmopolitismo arraigado (*rooted cosmopolitanism*, en expresión de Anthony Appiah), pero en que el peso de las raíces puede impedir la extensión de las ramas. Si bien habría que añadir a este conjunto el cosmopolitismo republicano, indiferente, por tradición, a las identidades etno-culturales, y los cosmopolitas multiculturalistas, reacios, igualmente, al patriotismo doméstico, algo que, en cambio, debe saber aceptar un cosmopolita de la era global.

El ideal de ser "ciudadano del mundo" en parte ha triunfado y en parte ha fracasado. El mundo avanza desunido hacia su unidad; lejana, aunque inevitable. Pero, sobre todo, ha cambiado la situación que ha hecho a sabios y filósofos clamar por una ciudadanía mundial. El mundo del siglo XXI ya no tiene nada que ver con el de Sócrates, Ibn-Batuta o Einstein. Lo mismo cabe decir de la "ciudadanía mundial": la llamamos igual, pero desde realidades y con valores distintos. Ser cosmopolita hoy exige salvar algún patriotismo y rechazar cierto cosmopolitismo. Saber alejarse de todos aquellos que pueden utilizar el cosmopolitismo como coartada. Pues esto hacen casi todos los patriotas, para autoafirmarse. Y no pocos cosmopolitas, o que aparentan ser tales, para legitimar sus intereses particulares, de estado, mercado o identidad.

Lo previsible era que un mundo de patriotismos hegemonistas, como el actual, haya puesto a los cosmopolitas bajo sospecha. Pero lo que no es posible imaginar es que el cosmopolitismo atraviese la nueva situación y consiga recuperar su atractivo sin responder a las exigencias de la nueva era global postmoderna.

Este ensayo quiere contribuir a ello con un estudio de las claves éticas y estéticas que determinan la personalidad cosmopolita.

2. LA JUNGLA GLOBAL

En el metro de mi ciudad, Barcelona, entró un hombre de aspecto árabe manipulando un pequeño aparato –un teléfono móvil estropeado, un pequeño transistor, no se adivinaba bien–, y acto seguido se medio vació el vagón. Sabemos, también, lo difícil que resulta ser extranjero en otras ciudades, hasta hace poco hospitalarias, como Londres o Nueva York. Pero si somos los occidentales quienes nos trasladamos a otras regiones no vamos a tener menos problemas. El odio al blanco y el antiamericanismo pondrán al extranjero en la estacada, lo mismo que la suspicacia frente al forastero y la islamofobia en Occidente.

¿Para qué sirven los pasaportes y los visados si luego hay que pasar por controles de seguridad extremos o depender del antojo de una patrulla en la carretera? Antes de la jungla global, azuzada a partir de lo atentados del 11 de septiembre de 2001, una joven bióloga palestina podía hacer carrera profesional en Norteamérica, y un joven periodista francés podía viajar de París a Delhi, por carretera, sin correr ningún especial peligro, si controlaba el itinerario. Hoy ninguno de los dos jóvenes puede hacer lo mismo. Los nuevos patriotismos, artificiales o espontáneos, y el repliegue de muchos grupos a una identidad puesta a la defensiva, no hacen del mundo actual una geografía favorable al cosmopolitismo. «Lo primero de todo –dijo el presidente Bush al iniciarse la segunda guerra de Irak– es la gente que vive en América.» Casi al finalizar su mandato, el presidente Clinton había afirmado antes que Estados Unidos era "el país más grande en la historia humana". No se sabe bien cuánto tiene el nuevo patriotismo norteamericano de viejo nacionalismo, cuánto de ciega lealtad al gobierno, ni cuánto de calculada estrategia para hacer avanzar la política conservadora de la *land security* frente a las alternativas liberales igualmente patrióticas, pero no por ello limitativas de la libertad, como viene a hacer la Patriot Act de 2001. El hecho es que el recurso a la patria está hoy, siguiendo el ejemplo norteamericano, en casi todas las agendas estatales, pero también en gran parte de los movimientos de resistencia a este nuevo orden patriótico desencadenado tras los ataques del 11 de septiembre.

El nuevo Orden Global es aún más local que global. Bajo el reclamo, todos, del "mundo", dominan este supuesto nuevo orden tres grandes movimientos políticos de masas que avanzan, en realidad, en sentido contrario al cosmopolitismo. Son más favorables a la patria que al mundo, y algunos sólo a la primera. Me refiero a los globalizadores, los fundamentalistas y los antiglobalizadores. Todos, a su modo, son mundialistas, pero son también, en distintas maneras, neopatriotas. Veámoslos más de cerca.

Los globalizadores se acogen a la ideología del neoliberalismo. Son los "modernos" de la jungla global. Ellos han introducido la idea del nuevo Orden Global, pero no son aún mundialistas democráticos. Son globalistas neoliberales. El globalismo es parte de su ideología. No obstante, eso no es cosmopolitismo, el cual se complace en la diversidad mundial. Los globalistas, en cambio, se desinteresan por ella.[1] Sospechan, para empezar, del multiculturalismo. Digamos que desborda su idea de orden mundial, asentado en los lazos de interdependencia. Para los globalizadores el Mercado –la economía capitalista– es lo que más importa: es su arcano, su razón más evidente y su mito, todo a la vez. La sociedad, en consecuencia, es una red de clientes y consumidores que se hace y deshace al compás de los negocios. El orden global se sostiene sobre esta red. Fuera de ella está el caos y la amenaza, a los que se conjura aclamando al valor de los valores: la Libertad. En su nombre se ha iniciado la guerra contra el Mal, cuyo eje se sitúa en los países de mayoría islámica, pues quienes cometieron los atentados de 2001 eran de esta religión. El islam es el gran enemigo planetario. Contra el poder islamista está justificada la guerra justa, una mezcla del deber de "liberar al mundo" y del derecho de ingerencia en los estados soberanos.

Por todo lo cual se favorece la política de la seguridad doméstica y se alienta la ideología del patriotismo hegemónico. América es la New Atlantis del siglo XXI, aunque ya lo fue en el siglo anterior, tras las dos guerras mundiales. Al fin y al cabo, los dos grandes imperios del siglo pasado, Rusia y Norteamérica, se arrogaron bien pronto el derecho a defender la seguridad mundial. La primera entró en Afganistán en nombre del internacionalismo proletario. La segunda lo hizo unos años después en Irak apelando al orden global democrático. Absurda invocación, en ambos casos, al cosmopolitismo. Y el horror, como resultado de luchar contra el terror. A cuál peor. Un siglo después, poder y sociedad se ven a sí mismos todavía más vulnerables. La globalización es económica, pero no política ni cultural. Las relaciones internacionales se encuentran, como siempre, en un "estado de naturaleza", y algunos se creen de verdad que nos hallamos ante un "choque de civilizaciones". El imperio vive del miedo, que alimenta la sensación de inseguridad, desplaza el primado de la libertad a favor del orden, y aclama de nuevo los valores nacionalistas, que suscitan más enfrentamientos. Círculo cerrado.

El Orden Global es la jungla global, mientras que las principales fuerzas mundiales se disputan la legitimidad de su presunto poder global. Pero este reconocimiento universal sólo lo posee, hoy por hoy, la ONU, que, por lo demás, tiene un apoyo desigual y dispone de un escaso poder. En la actualidad hay una veintena de graves conflictos internacionales que ni esta única organización mundial con resortes políticos consigue frenar. Desde el año 1947 contienden en Cachemira y Assam el gobierno indio y las guerrillas musulmanas. Desde 1948 lo hacen Israel y Palestina. Perduran también los conflictos, iniciados en 1963, entre el gobierno de Indonesia y los grupos rebeldes de Irian Jaya y Aceh. Al año siguiente comenzó la contienda entre el ejército colombiano y las guerrillas de este país. En 1969 se iniciaron los conflictos internos en Filipinas. Desde 1979 luchan los "señores de la guerra" en Afganistán, resistentes tanto a las potencias extranjeras como al talibán. En África, la guerra del Sudán prosigue desde 1983, década en la que también estallan las guerras de Uganda, Somalia y Liberia. Desde 1991 continúa el cruento conflicto entre Rusia y los secesionistas de Chechenia. Un año después se inicia el choque del gobierno argelino contra la mayoría islamista. Nuevos sangrantes conflictos en África central: Burundi (1993), Congo (1998), Costa de Marfil (2002) y Nigeria (2003). La contienda entre la monarquía y los comunistas se mantiene desde 1996 en Nepal. Y el centro de los conflictos mundiales se encuentra desde el año 2003 en Irak, tras la ocupación estadounidense y aliada sin la autorización de las Naciones Unidas. Éste es el retrato bélico de la nueva jungla global. Ni la religión ni la cultura étnica son la causa última de este inmenso orden desordenado. Apenas lo es también la ideología. El origen está en el control de los recursos, por el que empresarios del petróleo se parecen a narcotraficantes, señores de la guerra a aprendices de geoestrategia, líderes políticos a guías religiosos, subastadores de territorios a negociantes de derechos, y comerciantes de armas a pirómanos de ideas, todo para obtener más votos, tener más poder.

Contra los globalizadores se erigen los fundamentalistas. En cierta manera, se alimentan unos a otros. Si no fuera por estos últimos, los primeros no presumirían de su visión liberal. Y viceversa. Pero los fundamentalistas tienen también su proyecto global. Son antimodernos, aunque no se ponen de espaldas al futuro. Tratan, por su parte, de "salvar al mundo". El mundo es de su incumbencia, no son aldeanos. Quienes están al frente de este movimiento son los islamistas. La reislamización del mundo es su ideología. Invocan a Dios, el factor supremo, pero su razón de ser es la Religión. Contra la sociedad de consumidores insisten en la sociedad de los creyentes. Y así como unos luchan contra el Mal, ellos lo hacen contra el Infiel y Occidente en general. Su modo de entender la guerra justa es la Guerra Santa, y no habría más orden mundial que el de la unidad final de los creyentes. Son ante todo patriotas de la Jerusalén celeste, si bien su patriotismo ultraterrenal les hace ganar apoyo en la patria terrestre. Por otra parte, algunos de ellos siembran el terror, pero por no resistir ni un minuto más lo que sienten como una experiencia de humillación. Del otro lado, dicen, está el horror. Su mundialismo, en resumen, es tan neopatriótico como el de sus adversarios.

Lo mismo ocurre entre muchos antiglobalizadores. No hacen del mercado ni de la religión su causa, pero su empeño, la Humanidad, todas las causas humanitarias, les mueven a compartir aspectos con los dos movimientos anteriores. En Porto Alegre y otros foros internacionales de la antiglobalización abundan las banderas y los discursos patrióticos de nuevo cuño, aunados por la resistencia a los nacionalismos mayores. Pero es nacionalismo igualmente. No obstante, los antiglobalizadores son los postmodernos y algunos de los que bebieron del marxismo. Su ideología es la que va tomando cuerpo con la forma del "altermundismo". Repiten, con todo derecho: «Otro mundo es posible». Cargados, así, de razones, no provocan el terror, ni gestionan el horror, pero son capaces de producir bastante sopor, el mayor riesgo de desactivación del activismo. Coreados por los jóvenes, sus líderes, sin embargo, son viejos, que a su edad levantan la consigna de "cambiar el mundo", sin mostrar apenas cómo ni hacia dónde dirigir el cambio. Acusar a Estados Unidos y al neoliberalismo no lo es todo, o no basta. Ver lo que está mal no nos hace más buenos.

Por otra parte, contra la sociedad de clientes, y la de creyentes, los antiglobalizadores oponen la sociedad de ciudadanos, qué menos. Pero su movilización humanitaria, por fortuna no armada y pacifista, prefiere el estandarte de la diversidad universal –por la que se cuela el citado neopatriotismo–, así como otros invocan a Dios o la libertad. Entonces, ¿cómo conjugar ciudadanía y diversidad? Algo del liberalismo habrá que aprender, y de los salvaguardas de la identidad, también. Porque un solo mundo, como piden, es más complejo y difícil de manejar que una bonita pluralidad de redes a nuestro alcance y conveniencia. A veces los altermundistas parecen sentir nostalgia del Paraíso Perdido; pero en éste convivían las especies más opuestas, igual que ciudadanía y diversidad habrán de aprender a convivir en inevitable conflicto. «El lobo habitará con el cordero, la pantera dormirá con el cabrito, buey y león joven pacerán juntos…», conjeturaba el profeta Isaías. Aún idílico, pues, el mundo nunca será de nuestro gusto. Los antiglobalizadores son patriotas de la cultura, pero el cambio planetario que nos pueda venir de ésta es otro espejismo, como la liberación por el Mercado o la salvación a través de un régimen religioso.

¿Qué globalista de los tres movimientos citados no está libre de patriotismo ofensivo, defensivo, o meramente aliado, quizás el mejor aliado de cualquier causa colectiva? Globalizadores y sus contrarios tienen en común la salida al mundo y la vuelta, de un modo u otro, a la seguridad patria. No obstante, el plan de un mundialismo democrático, bien diferente de lo anterior, no puede sostenerse más que desde la actitud cosmopolita, contraria al nacionalismo en todos sus grados. No habría, así, un solo "pensamiento único", el neoliberal, sino tres formas en contienda por lo mismo, con sus respectivas agendas y sus particulares maneras de movilizar a la gente.

Es imposible, porque es una contradicción en los propios términos, ser mundialista y a la vez ser patriota de una u otra causa. Una política realmente mundial, o que se proponga serlo, no puede, en primer lugar, resultar más que de una política democrática.[2] Pero, al mismo tiempo, tiene que producirse con los esfuerzos por evitar el patriotismo político. Con esto trato de decir que el particularismo estatalista, en busca de legitimación universal por la vía del estado-nación, es todavía un residuo de la concepción autocrática de la política y, desde luego, una rémora para el avance mundialista.

Mientras tanto, es fácil llamarse partidario de un Orden Global, en cualquiera de las tres versiones antes descritas, sin renunciar ni un ápice a los intereses políticos locales: a los patriotismos de diversa especie, por la libertad del pueblo, la unidad de la fe o la diferencia cultural. Pero es imposible continuar apegado a cualquiera de estos intereses, por nobles que puedan ser, y decirse mundialista o estar a favor de un ordenamiento político internacional.

Las lealtades políticas locales y nacionales hacen, a menudo, que confundamos entre sí conceptos básicos de la convivencia. Circunscrita a un territorio, adaptamos la ciuda-

danía a la "nacionalidad". Concebida para los nuestros, supe-
ditamos la libertad a la "identidad". Inquietos ante lo forá-
neo, traducimos la residencia en un lugar por su "arraigo".
Exigentes con los recién llegados, no nos basta con que
muestren su permanencia aquí, sino que pedimos que des-
arrollen un sentido de "pertenencia", entiendan que no hay
respeto sin "identificación", y no que participen, sino que se
"adapten". Patriotas, suponemos que los vínculos son las
"raíces" y el compromiso la "lealtad". Imbuidos de ideología
nacional, transformamos la localidad en "territorialidad" y la
inclusión social en "integración" al sistema dominante de
valores. La propia división entre "patriotas" y "extranjeros",
alentada por los revolucionarios franceses de 1789 para
denunciar al enemigo, sirve eficazmente a la "cohesión
nacional". Apegados, en fin, a la cultura política local, decimos que no nos basta la solidaridad, sino la "unidad" o
"cohesión" de todos los que componemos un supuesto cuerpo homogéneo diferenciado del resto.

Es difícil, si no imposible, evitar estas confusiones en el
marco local o nacional. La jungla global en la que estamos
nos da buena muestra de tales derivas. Acostumbrados a
ellas, podemos mantener estados y naciones fuertes, aunque
no un Orden Global que dé crédito a este nombre. El edificio
puede levantarse sobre fundamentos locales, pero no sostener pisos comunes, porque hace falta apuntalarlo con una
cultura de esta misma clase. Cosmopolita, no patriótica.

3. LA SEGURIDAD ES PATRIOTA

Se dice que estamos en tiempos de patriotismo. Pero parece, mejor, la vuelta a un nacionalismo político interesado, en busca de una lealtad ciega a los gobiernos. La ideología predomina sobre el sentimiento patriótico.

La guerra de Irak y contra el terrorismo internacional se hace por la patria y su seguridad, pero el patriotismo que pretexta y genera no es un simple y espontáneo amor al país, sino un claro refuerzo de las ideas y los sentimientos nacionales, inducidos ahora por la propaganda beligerante. Se vuelve a identificar la patria con la política de defensa. O de represalia. En cambio, yo mismo leí en una ventana de Fillmore, en San Francisco, pocas semanas después de la ofensiva contra Irak: «Peace is patriot».

La patria no es exclusiva de los combatientes. Cuando lo es, el patriotismo altera las claves de la democracia y hace, por ejemplo, que países republicanos se comporten como monárquicos, con su presidente-rey al frente. Ya lo denunciaba hace mucho tiempo el escritor Mark Twain, al ver cómo manejaba Estados Unidos su guerra con Filipinas. La historia del mundo moderno, desde la Revolución Francesa, las guerras de liberación americanas (y, luego, africanas, en el siglo XX) y la caída de los imperios y dinastías en Asia, puede ser interpretada hasta hoy tomando como referencia el uso y abuso de la idea nacional, sus repercusiones en la psicología popular, y desde ahí el impacto retroactivo otra vez sobre el gobierno o los poderes de donde partió tal idea. Ni los ideales socialistas, o, menos aún, el ideal democrático sin más, han llegado a movilizar a tanta gente en el planeta. La causa patriótica en el mundo moderno sólo es comparable en fuerza y seguimiento a la causa imperial en el orbe antiguo, por la que existió la misma obediencia ciega. Quizás hoy ya no todos piensen que "es dulce y honroso morir por la patria", como escribió Horacio, pero sí prevalece, aumentada, esta causa, que ha cobrado fuerza en sí misma, desligada del monarca y también del pueblo.

La idea del estado nacional fue exportada e impuesta desde Europa sobre sus colonias. Otros países tenían y tienen una idea distinta de la comunidad política. No obstante, con los regímenes postcoloniales, primero, y las mutuas influencias internacionales, después, el nacionalismo de Estado y los movimientos nacionalistas arraigan o son conocidos en todas partes. El patriotismo político tampoco es una exclusiva de Occidente. Con o sin resabios imperialistas, la exaltación de la esencia política nacional es un fenómeno que va unido, por ejemplo, al republicanismo chino, la India independentista o el Japón de postguerra, aunque también se da en países que velan por su independencia respecto de otros como los acabados de citar: léase Taiwan, Sri Lanka y Corea del Sur, respectivamente. Por otra parte, los países musulmanes también conocen el fenómeno nacionalista. El islam –"nación de los creyentes" a partir del califato abbasida– no es un pueblo, pero incluye a muchos de ellos (árabes, bereberes, turcos, persas, etc.), los cuales se distribuyen en estados o minorías nacionales: Marruecos, Argelia, Bosnia, Kurdistán... Es tan fuerte el sentido de comunidad nacional en muchos pueblos de religión musulmana que el islam no los ha unido en sentido político y, menos aún, los reiterados intentos de arabismo nacionalista desde 1945. Nacionalidad y patria son ya conceptos universales, aunque una y otra se perciban de maneras distintas en el globo.

No obstante, patriotismo y nacionalismo no son lo mismo, ni tiene cada uno de ellos un significado unívoco e igual para todos. En el origen se encuentra el sentimiento y la conciencia de pertenecer a un grupo social amplio: el mayor que alcanza nuestra vista y nuestro oído, o nuestras piernas y el modo de hablar, similar al resto de moradores de un territorio. Pero esta noción de pertenencia no nos hace patriotas todavía. El patriotismo empieza con el amor a nuestro país, es decir, al entorno físico y social con el que nos identificamos. Sin embargo, eso tampoco es nacionalismo. Desde el patriotismo unos luchan por la nación y otros no. El paso a la búsqueda y construcción de la nacionalidad exige el cultivo del sentimiento nacional, muy diferente al mero amor al país, porque se despierta con las ideas políticas, no con percepciones más simples. El sentimiento nacional viene con ideas como la voluntad de mantenerse independientes de otros grupos, el interés por la integridad de la soberanía política o el hallar justificada la obediencia al gobierno. En otras palabras, del amor al país hemos saltado a la lealtad política a éste. Gracias a esta combinación de ideología y afectos que es el nacionalismo, se tiene el empuje para edificar un Estado –administración, ejército, escuela, todos ellos "nacionales"– o, desde éste, construir una nación que sirva de móvil o pretexto al Estado, que recordará que no se discute sobre los cuerpos y valores nacionales, previamente difundidos por él.

Hay que hacer más distingos. El sentimiento nacional, si bien es nacionalismo ya, pese a que lo nieguen muchos de sus portadores, no es la misma cosa que el patriotismo político que se suele ver, por ejemplo, en situaciones de guerra o de combate con el secesionismo interno. Del sentimiento nacional se ha pasado, en estos casos, a un nacionalismo exagerado, al patriotismo por antonomasia, que no se conforma con la lealtad al país, sino que pide que se reconozca su grandeza y su carácter único frente a otros países. Todos sabemos qué significa decirse "patriota" en tiempos de guerra, pero en los de paz basta decir que se es o quiere ser respetuoso y leal con el gobierno de nuestro país, lo que no es poco. Si ya en situación de normalidad exaltamos el patriotismo exclusivo (*chauvinisme*, en francés; *jingoism*, en inglés), en un estado de crisis sólo queda estallar como patriotismo agresivo. No es necesario, pues, ni conveniente, para el propio nacionalista o portador de sentimientos nacionales, que éstos se tornen en pasión patriótica de ningún tipo. Suelen llevar los países al desastre o, con el tiempo, al desgaste, retrocediendo como países. Por último, otra variante extrema del nacionalismo exagerado es el nacionalismo étnico (y "pánico", con otro merecido adjetivo), para el cual la nación es de una sola raza, cultura o religión, y que arroja los más terribles resultados cuando se combina con el patriotismo político. Así ocurrió en la Alemania nazi o con las "limpiezas étnicas" en la antigua Yugoslavia.[1]

Todos los nacionalismos, tengan o no el apoyo del Estado, presentan rasgos en común. Por lo pronto, según se acaba de referir, el sentimiento nacional, a su vez arraigado, en la mayoría de ocasiones, en el sentimiento de pertenencia a un amplio grupo de gente. No obstante, al igual que el patriotismo, el nacionalismo se expresa de muchas maneras. Es imprescindible tener en cuenta esta variedad si queremos conocer las posibilidades del cosmopolitismo, alternativa de todo particularismo político. Pasar a describir, ahora, la diversidad de concepciones de lo nacional resultaría demasiado largo y escapa, además, del tema de este ensayo. Pero podemos desglosar al menos dos tipos básicos de nacionalismo, alrededor de los cuales se aglutinan sus numerosas variantes. Los dos tipos corresponden a la doble interpretación de la idea nacional desde el propio inicio del nacionalismo europeo, cuando los revolucionarios franceses de 1789 sustituyen la soberanía del rey por la del pueblo o nación.

Desde aquella fecha, los partidarios de este vuelco radical del poder político se inclinan, con Sieyès y Michelet, por la idea de una nación-contrato, al hilo del pensamiento de Rousseau en torno al "contrato social". Con De Maistre y Bonald, los elementos contrarios a esta visión contractualista del nuevo sujeto de la política, la comunidad nacional, o bien, decididamente, opuestos al reciente orden revolucionario, acogen, en contraste, la idea de una nación-alma, en preferencia por la filosofía del *Volkgeist* ("espíritu del pueblo") de Herder y del romanticismo alemán. De la primera visión derivan las importantes versiones doctrinales de Tocqueville, Renan y Mazzini. Para todos, la nación se modela a través de un renovado contrato entre sus miembros. Lo que importa es el individuo y su voluntad, la primacía de las instituciones sociales y la orientación hacia regímenes republicanos. Para ser ciudadanos no cuenta otra cosa que la vecindad en un territorio y la participación en un proyecto político común, por lo cual es imprescindible, entre otras cosas, disponerse a olvidar el pasado y las raíces de cada uno o cada grupo. Frente a esta perspectiva se levanta la visión "organicista", por así decir, del cuerpo nacional, que posee sus raíces en la tierra, o se debe a la raza, y siempre tiene un alma que le sobrevive. La nación, según esta fórmula, es naturaleza y memoria, comunidad indisoluble y lealtad a las esencias. Fichte, Burke y Taine son sus pensadores clave. La monarquía o los regímenes populistas constituyen su más fiel traducción política. Pero, en todo caso, la "nación cultural" precederá, siempre, a la "nación política", en expresión de Meinecke. Entiéndase aquí por "cultural" aquello que recoge la fuerza de la naturaleza y la continuidad de las instituciones tradicionales, como la familia, la religión y la nobleza.

Son, como se ve, dos formas casi opuestas de concebir la misma cosa. La primera es asociada hoy a un concepto "cívico" de nación. La segunda, con uno de tipo "étnico". En realidad resulta difícil separar radicalmente uno y otro, pues aunque la nación sea resultado del libre pacto –"un plebiscito de todos los días", según Renan–, presupone una colectividad con su lengua, creencias y costumbres. No se construye sobre voluntades en abstracto. Y al revés, aunque anteponga la integridad comunitaria a cualquier experimento de integración social, es decir, a pesar de anteponer lo natural a lo convencional, la idea de lo nacional es en sí misma política y la nacionalidad se conserva a través de creencias e instituciones de esta naturaleza. Toda nación reclama su Estado en exclusiva. Y todo Estado su única e indivisible nación. Lo que distingue a un nacionalismo "cívico" de otro "étnico" es una cuestión de grado, porque ninguna idea nacional se da al margen ni de la identidad cultural ni de la ideología política. La diferencia entre ambos estriba, pues, en el acento: si predomina lo contractual o político frente a lo orgánico o cultural, o viceversa. Pero nunca los dos polos van a estar tan alejados uno de otro como para decir que se trata de nacionalismos opuestos.

Todos los estados buscan perpetuarse. Lo hacen, entre otros recursos, inculcando en sus súbditos la identificación política, mediante alguna de las formas de nacionalismo y patriotismo mencionadas hasta ahora. La primera y más importante barrera para el cosmopolitismo es algo tan evidente como el sistema de estados nacionales y la cultura patriótica que prodigan. Suele decirse que en Occidente, al menos, este sistema sigue siendo el fijado, a mediados del siglo XVII, con la Paz de Westfalia. Pero de este tratado el único país que se conserva íntegro es Portugal. De hecho, el actual equilibrio entre estados se debe, también, a acuerdos posteriores, como el que quiso poner fin, en Viena, a los efectos de la Revolución Francesa, y en Versalles, un siglo después, al conflicto entre imperios que condujo a la Primera Guerra Mundial. Con dos importantes añadidos: la caída del muro de Berlín, en 1989, que acaba con la bipolaridad mundial, y la política de Estados Unidos y sus aliados, después de los ataques terroristas de 2001, que consagran el unilateralismo de los estados más fuertes en las relaciones internacionales.

De esta forma, se muestra una vez más que estas relaciones no obedecen a ningún equilibrio ni menos a un sistema. La "multipolaridad" derivada de la Paz de Westfalia no evitó, por ejemplo, al endémico conflicto franco-prusiano del siglo XIX ni las dos devastadoras guerras mundiales del XX. El único principio que subsiste es el de la división del mundo en estados nacionales, expresada desde el siglo XVII con diferentes formas de equilibrado desequilibrio, tal cual hoy, después de 2001, con un mapa en el que verdaderos estados sólo lo son los más fuertes y la mayoría de las naciones se puede decir que estorban al nuevo poder unilateral. Mientras tanto, hegemónicos o no, todos los estados nacionales pierden, con la globalización, algo de su soberanía y se hacen más interdependientes en sus políticas económicas y de defensa. Con lo cual echan mano de la cultura para compensar esta pérdida de independencia. Así, se alientan, póngase por caso, las políticas interiores de patrimonio natural y cultural, las selecciones deportivas nacionales, los controles sobre el espacio telecomunicativo y, sobre todo, la cultura política, otra vez, del patriotismo, tan repartido por el mundo como el principio de división nacional, al que sirve.

Otra barrera para el cosmopolitismo es la que proviene de la teoría. En cada época moderna han convivido intelectuales cosmopolitas y nacionalistas.[2] Pero en la actualidad predominan estos últimos, con maneras de pensar comprensivas de la identidad nacional y beligerantes, en lo teórico y lo práctico, con el principio cosmopolita. Los que no son abiertamente patriotas, como Rorty[3] o Walzer, en Estados Unidos, no han dejado de pensar dando por sentado que el estado-nación es el marco indiscutido de la sociedad, como admiten en su obra Rawls y Barber, del mismo país. El pensamiento político contemporáneo suele creer, con el gran sociólogo Max Weber, que hay una unidad indisoluble entre "cultura" y "residencia", lo que da pie a dicha identificación entre sociedad y nacionalidad. Quizás para los intelectuales valga lo mismo que para la mayoría de la gente: preferir pensar en términos nacionales, porque satisfacen más la sensibilidad y la imaginación. Así, escribe el italiano Mazzini en *Los deberes del hombre*: «Al trabajar según los verdaderos principios para nuestro país, estamos trabajando por la humanidad». Cómo de grande sentía a su país. El cosmopolitismo, en cambio, es la llamada a una empresa en solitario. Nunca será lo que es para muchos la patria: una especie de ampliación del hogar donde cumplir parte de nuestros deseos.[4] Incluso la referencia al "patriotismo constitucional", supuestamente no étnico ni nacionalista, está siendo usada por líderes patrióticos o nacionalistas como mensaje de corrección política por encima de los "localismos".

El anticosmopolitismo como tal se encuentra en las tendencias profundas que han orientado la política contemporánea. El romanticismo europeo del siglo XIX es nacionalista y, en algún aspecto, antisemita. La leyenda dice que Jesucristo condenó al judío Ahasuerus a caminar eternamente, y esta imagen del "judío errante" se hizo equivaler entonces a la del cosmopolita. Los judíos no tenían patria; eran cosmopolitas por maldición. Si uno no era patriota, era, pues, un paria. Todavía a principios del siglo XX, un pensador reaccionario como Oswald Spengler, en su libro *La decadencia de Occidente*, se opone a la vida de las grandes ciudades por fomentar el desarraigo social, algo propio de los parias. Y el estigma sobre el cosmopolitismo se produjo de nuevo con los grandes imperialismos del siglo xx. El *Kosmopolit* era otra de las figuras humanas perseguidas por el nazismo y con distintivo propio en los campos de exterminio. Para Stalin y la Rusia soviética los intelectuales o ciudadanos cosmopolitas eran un peligro para la "gran patria del socialismo". El supuesto internacionalismo proletario del régimen soviético se hunde definitivamente con la entrada de los tanques rusos en Praga, en 1968, para sofocar una reforma pacífica.

Y para el último imperio, Estados Unidos, el cosmopolita no es que esté perseguido, pero es una personalidad demasiado extraña a las costumbres del país, y sospechosamente cercana al talante europeo. De hecho, hay que reconocer que el cosmopolitismo como modo de ser, y como objeto del pensamiento, no es americano, sino europeo. Las novelas de Henry James, nacionalizado británico, resultan raras y decepcionantes para el propio lector norteamericano. Le cuesta entrar en sus personajes distantes y reflexivos, demasiado "europeos". A muchos norteamericanos cultos hay que insistirles que ser cosmopolita no es apostar por un *European outlook*, sino por una visión mundialista. La extravagancia no va con la *American way*. Se dice en Estados Unidos que muchos de sus habitantes son *people low-brow*, de frente estrecha, o que se mueve por la fuerza de la tradición y los hábitos. Se alude, también, a la gente *middle-brow*, abierta al sentido común y a la cultura audiovisual moderna. Por último, se habla de una minoría, la *people high-brow*, los académicos y artistas, a los que les gusta tener criterio individual y conocer otras culturas además de la propia. Sólo este tercer grupo puede entender la identificación de un ciudadano con el mundo y no sólo con su país, aunque tampoco comparta a menudo esta visión cosmopolita. Desde los atentados de 2001, se lee menos novela extranjera en Estados Unidos, con el pretexto de que ya existe una plena diversidad cultural en el país. La mayoría de estadounidenses son, pues, de mentalidad hogareña y patriótica, y se complacen en ella.[5] Incluso un buen número de senadores y congresistas presumen de no tener pasaporte. El mundo se acaba en su país, lo que prueba, en fin, que Estados Unidos es un imperio sin cultura imperialista, es decir, poco preparado para ejercer como tal, porque le falta la necesaria mentalidad abierta e integradora, "cosmopolita", de los imperios que se proponen durar.

Hay dos poderosos cargos contra el cosmopolitismo. El primero lo hacen patriotas y hogareños: es una actitud "peligrosa". ¿Dónde queda el centro de todo y la pureza, sin mezclas, de lo auténtico? ¿Qué va a ser de lo nuestro? Esta acusación es la que hace que el cosmopolita "siempre tenga la razón": al invertir el orden de las cosas, no es reconocido por los suyos, se le ahuyenta, y ya no se siente profeta en su tierra. Al final son los demás quienes dan razón de su existencia cosmopolita. Un caso paradigmático es el de Jesús de Nazaret entre los galileos.

Un segundo cargo contra el querer ser ciudadano del mundo es el que procede de otros modos más abiertos de pensar: se acusa al cosmopolitismo de ser una opción intelectual "inconsistente". Veamos. Para los liberales, es multiculturalismo, y el riesgo de lo híbrido y cruzado (*mongrel*). Para los multiculturalistas, es una forma encubierta de liberalismo, y una amenaza a la diversidad cultural, con sus sueños de fusión de lo particular. Si se es republicano, ser ciudadano del mundo es carecer de valores ciudadanos, flotar en el vacío filosófico. Para la izquierda, hoy, el cosmopolitismo es una estética de la historia, en la que no se participa, sino que sólo se la contempla. Para la academia bienpensante, es una banalización del globalismo (*a flagging of the global*). Para algunas feministas, es un asunto de hombres viajeros. Y para los viajeros de verdad, es una pose de aficionado. A los globalistas modernos, ser cosmopolita les parece anticuado. A los internacionalistas clásicos, utópico. Y, desde los países pobres, huelga decirlo, el cosmopolitismo se ve como un ideal de los países ricos. En conjunto, unos dicen que el ideal cosmopolita es impracticable, otros que es indeseable. Y otros más añaden lo peor: que es un término sin significado posible. Para casi todos, el cosmopolitismo es, en una palabra, inconcebible. Antes que ser una postura amenazante, es una idea "inconsistente".[6]

Pero en inmediato descargo del cosmopolitismo puede decirse que el nacionalismo merece cargos parecidos. ¿Qué hay de "natural" o "realista" en ser patriota? ¿No es un accidente histórico? Los estados son útiles mientras duran, pero se hacen y deshacen al fin y al cabo. El mundo no. Y como fórmula en sí misma, ¿qué hace que declaremos la "solución" nacionalista superior a la cosmopolita? Posiblemente un igual acto de fe. Y si se reprocha que es muy "caro" ser cosmopolita, por asociarse a sujetos privilegiados con dinero, no resulta menos caro ser súbdito de un país al que hay que declararle lealtad y sostenerlo con nuestros impuestos. Mientras, cuando somos pobres o nos han ido mal las cosas, indefectiblemente nos sale mucho menos el amor a la patria. El nacionalismo, pues, es más fuerte como hecho, pero el cosmopolitismo le supera como idea.

4. LA LIBERTAD ES COSMOPOLITA

Es difícil ser cosmopolita en tiempos de globalización, aunque parezca un contrasentido. Dado que es una época forjada por el mercado y las instituciones capitalistas, y orientada por la ideología neoliberal, todo lo que se acompañe con los calificativos de "global", "mundial", e incluso "cosmopolita", queda inmediatamente bajo sospecha de estar al servicio de la nueva hegemonía planetaria.

Algunos ven el cosmopolitismo como la ideología, sin más, de la globalización actual. El neoliberalismo que instiga a ésta tendría, pues, un estricto contenido cosmopolítico. Otros ven tan sólo en el cosmopolitismo una especie de cultura residual producida por esta misma globalización de cuño neoliberal. Desde ambas visiones, el mercado hace el doble trabajo de descubrir y proveer los valores cosmopolitas, en ámbitos tan variados y omnipresentes como las inversiones económicas, la industria turística, el negocio deportivo, la producción mediática, la moda en el vestir, o las tendencias musicales y artísticas de cada temporada. Así, un inversor bursátil no puede saber nunca dónde está su dinero, y tiene que pensar en términos mundiales; un alto ejecutivo percibirá el mundo como un archipiélago de aeropuertos más o menos parecidos; un joven mauritano no se sorprende de que la "música étnica" de su país esté producida en Nueva York; y un rockero de esta ciudad comprará discos de bandas que cantan en inglés, pero que han grabado sus temas en Praga o Taipei. Ésta es una época, para gran parte del planeta, de nomadismo mental generalizado, y lo más cosmopolita que hoy existe, muchos dirán, es el propio mercado capitalista. Los cosmopolitas neoliberales así lo piensan.[1]

No podemos ignorarlo: el primer militante del internacionalismo, Karl Marx, en el siglo XIX, ya mostró las contradicciones del cosmopolitismo en su *Manifiesto comunista* (capítulo 1). Veía en él lo mismo que otros en la actualidad: un distintivo del capitalismo. Producción y consumo tienen, en este sistema, un sello cosmopolita, pero que es sólo internacionalista en apariencia, porque está al servicio de la explotación burguesa. En términos marxistas, la mentalidad cosmopolita es efecto y, a la vez, condición de esta relación de supremacía del burgués sobre los pueblos del mundo. También para algunos de sus críticos actuales el cosmopolitismo forma parte del discurso legitimador del renovado orden capitalista. Véase la opinión de Pierre Bourdieu en sus *Contrafuegos*. Las ideas cosmopolitas serían el reflejo inevitable del mundo como supermercado global, y al mismo tiempo constituirían la coartada para la movilidad de cuerpos y mentes que exige este poderoso mercado. En el ideario cosmopolita se mezclarían, pues, evidencias y mitos. Habría que desecharlo y regresar a un internacionalismo fortalecido.[2] Porque, además, este neoliberalismo de querencias cosmopolitas sería un discurso centrado en una determinada visión occidental del mundo. Para otras culturas, el ideario cosmopolita liberal resulta incomprensible.[3]

No obstante, si bien es verdad que hay un neoliberalismo cosmopolita, y un cosmopolitismo neoliberal, para remachar el clavo, es igualmente cierto que este cosmopolitismo identificado con el mercado y el capitalismo globales no es ni el único ni el mejor modo de tener una visión cosmopolita del mundo. Ni siquiera es cosmopolitismo como tal, porque lo global no es todavía lo mundial. El globalismo neoliberal está lejos de ser un mundialismo democrático.[4] Aunque su alcance es mundial, favorece sólo a la parte occidental del hemisferio norte del planeta, y en cualquier caso no pone en tela de juicio las fronteras nacionales, de cuya existencia saca partido. Al desinteresarse, también, por el medio ambiente, la cultura y la paz internacionales, el globalismo neoliberal muestra no sólo su finalidad ajena al orden democrático, sino su vacío de ideas y valores justamente cosmopolitas. Así, puede serle reprochado al neoliberalismo su uso interesado del ideario cosmopolita, pero no se le puede achacar al cosmopolitismo el ser, por su parte, la ideología del capitalismo globalizado, salvo que vaciemos aquella palabra de su significado.

No es lo mismo nuestra "globalización" que una mundialización. La primera avanza, según parece, sin tener en cuenta un horizonte cosmopolita. Pero la segunda no podría abrirse paso sin apoyarse en convicciones y fórmulas cosmopolitas. De hecho, ciertas ideas y sentimientos de mundo son el presupuesto de cualquier avance en los contactos internacionales y en la cooperación de los individuos más allá de sus fronteras nacionales. Si nos centramos en Europa, tal condición cosmopolita estuvo en los orígenes de la autoconcepción del continente como "cristiandad", "modernidad" y "Europa" misma. Ahora lo está también cuando desde cualquier parte del planeta nos imaginamos entrar en la era de lo "global" o, mejor, lo mundial. Es una condición necesaria para pasar del globalismo neoliberal al mundialismo democrático. No se necesita, sin embargo, un sustrato religioso, ni étnico o nacional compartidos para una gobernación y una ciudadanía, finalmente, mundiales. Pero sí esta condición cosmopolita: «Un contexto de comunicación pública –en palabras de Habermas– que trascienda las fronteras de las hasta ahora limitadas esferas públicas nacionales».[5]

Puesto que cada vez más los habitantes del planeta pertenecemos, de un modo u otro, a redes económicas y de comunicación que se extienden más allá de lo local y nacional, esta condición cosmopolita es algo que se va haciendo, en una palabra, inevitable, tanto para afirmar como para negar el globalismo y la mundialización. Dicho en términos filosóficos, el cosmopolitismo es una condición "trascendental", un apriori del que partimos, sin poder evitarlo, en los debates sobre fronteras, pertenencia e identidad política. Si uno dice que no es, ni quiere ser, "ciudadano del mundo", o, con Habermas otra vez, participante de un "contexto de comunicación pública" transnacional, se contradice ya con el hecho de decirlo: de alguna manera habla desde esta esfera que niega. Y es que la condición cosmopolita se ha ido desplazando, en la historia moderna, de menos o más personas, aunque no se reconozcan en ella, y de algunos hasta casi todos los lugares del globo.

El cosmopolitismo, como fuerza política que tiene consciencia de sí misma, empieza a extenderse en la Europa del siglo XIX con el apogeo de las ciudades industriales y receptoras de inmigrantes. La emigración del campo a la ciudad hizo descubrir el anonimato urbano y redescubrirlo para los moradores mismos de la ciudad. Cambiar a la vida urbana, e identificarse con ella, fue el máximo encuadre territorial que se podía permitir el cosmopolitismo de aquel siglo. Los buques a vapor y el ferrocarril contribuyeron a ello. Pero los cambios producidos en el siglo siguiente –el automóvil, la televisión, el avión– hicieron que el patrón territorial del cosmopolitismo se desplazara de la ciudad, siempre dentro de un marco nacional, a los países, en general, y al enclave de éstos en una u otra cultura o civilización. En el siglo XX el marco geográfico del cosmopolitismo se internacionaliza, no se conforma al gusto por una ciudad, o unas pocas ciudades, siempre, en algún señalado país. El cosmopolita del siglo XIX elegía París, o Alejandría, valgan de ejemplo. Por su parte, el del siglo XX escoge Egipto o Francia como "países", y lo árabe o lo europeo como "forma de vida" y "cultura". Pero más recientemente, con Internet, la globalización y las nuevas migraciones económicas, el marco físico del cosmopolitismo es, finalmente, el planeta entero. La condición cosmopolita no es más propia de unas ciudades o estados que de otros lugares del mundo. Es una fuerza que puede emerger en cualquier parte. Con este último desplazamiento del marco cosmopolita hacia lo mundial, dejados atrás el encuadre local y el nacional, la condición cosmopolita ya no puede ser negada en ningún lugar del planeta sin que a la vez se ponga en evidencia esta contradicción. Es, como decía, un apriori, una condición "trascendental" en todo debate sobre las esferas de la comunicación pública, y ya por el hecho de estar en este debate.

Hay objetos de la realidad que en la experiencia del siglo XX, y aún en el nuestro, parecen haber tomado conciencia de sí mismos y alcanzado una proyección universal que en épocas anteriores desconocíamos. Me refiero a lo que llamamos "lenguaje", entendemos por "acción" y concebimos como "mundo". En buena medida se corresponden con los tres temas básicos de la filosofía contemporánea: la epistemología fue abandonando el campo de la "conciencia" por el del *lenguaje*, la ética sustituyó la esfera del "yo" por la de la *acción*, y la ontología cambiaría la especulación sobre el "ser" por la reflexión sobre el *mundo*. Esta última, con sus múltiples repercusiones, despierta en nuestra era de la globalización un interés mayor del que concitan los otros dos campos del pensamiento. Y es también el tema filosófico de fondo para cualquier consideración, siempre, sobre el cosmopolitismo. De una parte, la filosofía contemporánea nos hace ver, respecto del mundo, su finitud, diversidad relativa y temporalidad, haciéndose, en este sentido, un mundo más predictible o "mundano", mundo siempre alrededor nuestro. Pero, por otro lado, este mundo, por así decir, disminuido, es hecho condición del lenguaje y la acción, del conocimiento y la tecnología, que lo presuponen. El resto de los objetos de la realidad remite al objeto mundo principal, donde se juntan y cruzan vida y comunicación, y sin el cual aquéllos ni siquiera serían pensables. El mundo se ha hecho más pequeño e inmediato, pero ha ganado, pues, en necesidad y proyección universal. Es un objeto "trascendental". Al hablar de cualquier tema se le supone, incluso cuando lo negamos. Como en nuestras polémicas sobre los límites del patriotismo o lo quimérico del cosmopolitismo. Muchos malentendidos sobre uno y otro proceden de no aceptar o bien que el mundo tiene proyección universal en cualquier detalle particular, es decir, que se ha hecho trascendental para nosotros, o bien que no hay tal proyección universal del mundo sin contar con estos valores locales, es decir, que al mismo tiempo el mundo se nos ha empequeñecido. Los patriotas suelen olvidar lo primero y los cosmopolitas lo segundo.

Como sea, estado nacional y mercado global son hoy los mitos más poderosos de la modernidad occidental. Por lo tanto, defender el cosmopolitismo es tener que luchar contra algo superior al capitalismo y al comunismo juntos. El mayor obstáculo que hay que vencer no es el mercado, sino el prejuicio de pensar como algo "natural" la fragmentación provincial del mundo en estados nacionales, temporales fracciones de una única sociedad humana, que algún día nos costará creer que hubieran podido determinar durante tanto tiempo la vida, la salud y la libertad de todos los habitantes del planeta. Este prejuicio o idea preconcebida, incluso para quienes viven de la libertad de ideas, puede durar cincuenta, cien, o doscientos años más. No hay prisa, ni sería bueno quitárselo de encima deprisa. Pero, mientras tanto, la cultura cosmopolita avanza poco a poco. El cosmopolitismo se va abriendo paso de dos modos: como un hecho y como una necesidad. Del primer modo, porque hay cada vez más ciudades y países cosmopolitas en el mundo. El ejemplo de Nueva York se está quedando atrás. En 1910 sólo un 20% de sus habitantes eran de lengua materna inglesa. Hoy esta diversidad étnica la alcanzan ciudades tan distantes como Toronto, Birmingham y Singapur. En otras palabras, Babel ha dejado de ser una metáfora o una excepción en el mundo. En apenas un cuarto de siglo se han multiplicado los movimientos migratorios en el planeta y han aparecido los *diaspora people*, un sector de la población en constante tránsito de un continente a otro. Es la ciudadanía transnacional Aunque a este cosmopolitismo en el espacio físico habría que añadir el que se produce, a mucha mayor escala, en el espacio virtual, a través de Internet y las telecomunicaciones, que permiten más ocasiones de contacto con la diversidad de costumbres y creencias.[6]

Por lo demás, el cosmopolitismo no sólo progresa poco a poco como un hecho. Lo hace, también, en tanto que necesidad, siendo ésta tan evidente que resulta absurdo justificarla. Probar o demostrar hoy que el cosmopolitismo es bueno, deseable e ineludible es tan ocioso y retorcido como intentar "justificar" los derechos humanos o el conocimiento científico. Lo que nos hace humanos no debería necesitar "justificación", aunque debamos defenderlo cada día. La necesidad del cosmopolitismo tampoco puede depender de que esté mejor o peor "justificada". Si en cualquier momento ya es forzado tener que dar razón, por ejemplo, de la necesidad de que haya "sociedad", en lugar de una multitud dispersa y reñida entre sí, no es menos absurdo, en el mundo de hoy, tener que argumentar la necesidad de que exista una sociedad cosmopolita, lo mismo que ésta sea justa y próspera, para mencionar otras esenciales características. Aunque se deba luchar por objetivos parecidos, ¿cómo empeñarse en "justificarlos" de raíz sin caer en el ridículo intelectual o incluso sin rozar la idiotez moral? Nadie en sus cabales espera a que se le "demuestre" que es mejor no pasar frío que tener frío, o estar en paz con los otros que vivir a la defensiva. Para nuestro caso, que el mundo es uno y es el mismo para todos, aunque personas y pueblos seamos tan distintos unos de otros, es un hecho incontrovertible al que le resbalan las razones por "justificarlo".

Tanto en un sentido ético como político, el cosmopolitismo es un imperativo *self-evident* o que no necesita justificación. Constituye una necesidad inherente a muchas esferas de la vida y de la comunicación que se encuentran impedidas o limitadas, hoy por hoy, a causa, entre otros importantes factores, de la división nacionalista del mundo y la pervivencia del patriotismo político. Es necesario adoptar un punto de vista y unos compromisos cosmopolitas en tareas tan primordiales como la lucha por los derechos humanos y la persecución de quienes los pisotean; la política de paz y seguridad internacionales; el combate contra la pobreza y el subdesarrollo; las iniciativas de equilibrio demográfico; la protección del medio ambiente; la regulación internacional de las finanzas y el comercio; la intervención sobre los flujos migratorios; la lucha contra el terrorismo y el control de sus causas; las medidas para impedir el narcotráfico y el comercio ilegal de armas; la denuncia de la corrupción política; la planificación del acceso a las energías; el apoyo a la investigación científica y al desarrollo tecnológico; los planes de cooperación universitaria; la búsqueda de un equilibrio entre el respeto a la soberanía y el paso a la interdependencia política de los estados; la promoción de valores éticos tan fundamentales como el respeto a la vida, la dignidad de la mujer y la libertad de expresión; las medidas para evitar la extensión del racismo y la xenofobia, y, en fin, la gestión de cualquier asunto, por parte de poderes públicos o privados, que exija reconocer que las personas no son sólo cuerpos, sino sujetos merecedores de reconocimiento.

No hay que estar por el cosmopolitismo porque sea un ideal ilustrado, o moderno, o acorde con la plenitud de los tiempos, que es para algunos la actual globalización. Sino porque sin él se hacen imposibles la responsabilidad global y la gobernación internacional, la ética intercultural y el mundialismo democrático. Si todo fuera patriotismo, ninguna de las tareas mundiales mencionadas, desde la salvaguarda de la biosfera hasta la abolición de la pena de muerte, apenas habría avanzado un paso en las últimas décadas, siendo evidente que algún progreso ya se ha producido. Aunque sea para comprender y analizar los problemas globales, sin esperar a darles una solución global, hay que adoptar un punto de mira que trascienda lo local y aprecie el enfoque universalista. De algún modo se requiere ser cosmopolita para afrontar esto último. Toda comprensión ya es, en sí misma, cosmopolita. El patriota exclusivo renuncia a ella, y con su elección se pone en una vía muerta de la historia. Un patriotismo exagerado destruye incluso lo que pretende defender, al hacer de la patria un ídolo que sustituye el derecho y las razones de justicia, elementos necesarios para mantener a un pueblo unido como tal pueblo. Dice Martha Nussbaum, basándose en el poeta hindú Rabindranath Tagore: «Venerar al propio país como si fuera un dios supone, en realidad, maldecirlo».[7] La política neopatriótica estadounidense puede haber mejorado las condiciones de seguridad de este país, pero ha perjudicado la identidad y el "sueño" americanos. Desde aquel 11 de septiembre muchos ciudadanos se preguntan si su país, cerrado al mundo, al cual se abre sólo para reprimirlo, no será ya una mera abstracción como país.

El cosmopolitismo está en su infancia, pero progresa, aunque sea a pasos contados, y es difícil pensar que pueda dar marcha atrás. Algunas instituciones, leyes y convenciones lo presuponen. Hoy es impensable, por ejemplo, que la ONU pueda desaparecer o bien se disponga a hacer borrón y cuenta nueva.[8] La *cosmopolitics* ya actúa, si bien lo hace de de forma incipiente, fuera y dentro del estado nacional. No es un simple ideal progresista, ni tiene necesidad de ir invocando ninguna "razón universal" por encima de los estados. Se apoya en la evidente necesidad de resolver los problemas globales con soluciones de la misma escala. Además, muchos ciudadanos no admiten quedar instalados en la contradicción de un mercado global para un mundo, sin embargo, cuarteado por numerosos problemas que el mercado no arregla solo. Y en el aspecto moral, cada vez nos sentimos más implicados en el dolor y la desgracia de gentes desconocidas. Si bien está casi todo por hacer en cuanto a una solidaridad activa y no superficial, por lo menos esta nueva permeabilidad emocional ante los desastres humanitarios nos sugiere la posibilidad de un avance paulatino hacia una comunidad moral global. En rigor, no estamos en un mundo "globalizado", sino en globalización, pero ojalá que lo primero venga acompañado de esta proyección mundial de la ética y la política, algo que sólo puede dar la fuerza de un imperativo moral cosmopolita.[9]

Entretanto, algunos dicen que luchar por ser ciudadanos del mundo "no vale la pena" mientras no exista un estado o un sistema de gobierno mundial. Pero aparte de ser éste un argumento en círculo vicioso, pues un sistema parecido exige ciudadanos que estén por él, es un modo de pensar tan criticable por sus consecuencias como decir que no vale la pena luchar por las libertades porque en nuestra constitución "no caben". Así no se habrían hecho las reformas o revoluciones que han dado lugar a la mayoría de sociedades modernas, por ejemplo tras la Declaración de Independencia norteamericana.

De todas maneras, la crítica al cosmopolitismo puede ser hoy tan inútil y obsoleta como lo fue, antaño, la crítica a la gran ciudad o al estado moderno. En el fondo, no importa. Los estadios en la organización de las sociedades humanas corren en paralelo a los estadios del acercamiento de un niño a la vida adulta. Siguen su curso.[10] De la familia al clan, del clan al poblado, y de éste a la entidad política, que fue primero ciudad, luego reino, luego estado nacional, y hoy se configura en organizaciones interestatales, para acabar siendo, en un futuro, una organización mundial.

«Las historias del mundo ya no están separadas unas de otras. No está la historia de América por aquí, la historia de Arabia Saudí por allí y la historia de Australia por el otro lado. La historia de todo el mundo está ahora enredada con la historia de todos los demás. No se puede entender la propia historia sin entender las otras historias.» Eso dijo certeramente Salman Rushdhie a los barceloneses en su discurso *El valor de la palabra* (2004).

Ya no hay comunidades políticas del todo independientes. La amalgama de sociedades autónomas es imparable. La ley de la evolución humana fija lo obvio: a más población, menos entidades políticas aisladas.[11] La libertad fue ciudadana, después nacional, y empieza a ser ya cosmopolita.

5. NACIDOS AL MUNDO

Cosmopolitismo viene de *kosmopolités*, ciudadano del mundo. En Occidente esta forma de identificación es tan antigua como la filosofía, que nació entre los griegos, hace dos milenios y medio.

Un autor clave en aquel tiempo, Aristóteles, sostuvo que era la comunidad local, la *polis*, y no el mundo, lo que importaba al buen ciudadano. La ciudad, pensaba el gran filósofo, no es un artificio. Defenderla no significa mantener un prejuicio. Esta forma básica de convivencia existe por naturaleza, es previa al individuo, y la deseamos por sí misma.[1] Si es muy pequeña, no puede cumplir sus funciones; si es muy grande, ya no es una ciudad. No habría constitución o ley posibles para una comunidad tan vasta. Para funcionar bien, la ciudad ha de ser autosuficiente, sí, pero sus habitantes deben tener la posibilidad de conocerse unos a otros. Su territorio tiene que ser "fácil de recorrer", concluye Aristóteles, ese extranjero, sin embargo, en Atenas.[2] Con lo cual, trato de recordar que el máximo pensador de la política, por lo menos hasta Maquiavelo, era mucho más patriota que cosmopolita.

Este último concepto aparece en uno de sus contemporáneos, Diógenes, que vivió hasta el 327 antes de la era cristiana, y se dice que es el fundador de la escuela de los cínicos, una filosofía radical, al decir de hoy, y al margen del estilo académico y las cuitas ciudadanas de un Platón o un Aristóteles mismo. Cuando alguien le preguntaba a qué lugar pertenecía –recuerda mucho más tarde su homónimo, Diógenes

Laercio (*Vidas de los filósofos*, VI, 63)–, el maestro decía: «Soy un ciudadano del mundo». No se identifica a sí mismo como ciudadano de Sínope, sino de la tierra entera, algo chocante y no fácil de entender incluso en la edad de oro del pensamiento occidental. Ni siquiera el inconformista por excelencia, Sócrates, había pensado así. El maestro de Platón se sentía ateniense y era devoto de los dioses de la ciudad. Enseñó a pensar en términos universales, pero fue un patriota y un hombre de servicio religioso. Diógenes, no: él es el primer cosmopolita. Aunque algo de su planteamiento se encuentra ya antes en uno de los fragmentos que se conservan del filósofo Demócrito (edición de Diels, nº 247): «Para los hombres sabios la tierra entera es accesible. El universo es la patria de un alma excelente».

La filosofía clásica no es cosmopolita, pero contiene esta idea desde sus comienzos. Durante el sueño, en el amor, el duelo, la oración, cada uno se repliega a su propio universo íntimo. En la vigilia, la labor, el ocio, el gobierno, retornamos al universo compartido. Hay tantos mundos privados como individuos, pero un solo mundo común para los que están despiertos y activos. Formulada de acuerdo con una metafísica, esta misma idea la retoman, poco después de Diógenes, Zenón de Citio y las sucesivas escuelas del estoicismo, griego y romano. El *logos*, la razón que domina el universo, es compartido por todos los hombres. Luego esto es lo que les une por encima de su pertenencia local. «No deberíamos vivir –dice Zenón en *Politeia*– en estados o poblaciones divididas y cada uno con su derecho, sino creer que todos los hombres son nuestros compatriotas y conciudadanos; no debería haber más que una forma de vida y un orden estatal, del mismo modo que un rebaño común se cría según una misma ley». Aunque próximo en el tiempo, Aristóteles ya parece muy lejos. Este filósofo piensa aún que griegos y bárbaros no tienen nada en común. Tampoco existe tal comunidad entre hombres y mujeres, y entre hombres libres y hombres esclavos. En cambio, para Zenón y los estoicos, todos los humanos, en virtud de la razón, participan de una misma comunidad moral. A partir de ahí se afianza en la filosofía occidental la idea de que, por naturaleza, razón o fe, cada uno es ciudadano de una "ciudad universal", además, o en lugar de pertenecer a la ciudad local. Así, escribe Marco Aurelio, el emperador filósofo, en sus *Pensamientos* (VI, 44): «Mi ciudad y mi patria, como Antonino, es Roma, aunque, como hombre, es el mundo. Por lo tanto, las cosas que son útiles para estas ciudades son las únicas que son buenas para mí». Edward Gibbon, historiador cosmopolita a su vez, corresponsal de Voltaire, afirma en su monumental *Declive y caída del Imperio romano* que con Marco Aurelio, fallecido en el 180 d.C., y los Antoninos se cierra el mejor período de la historia, presidido por la búsqueda de la felicidad y el ideal cívico. Sólo había durado ochenta años.

Un buen número de destacados pensadores seguirán este ejemplo de Marco Aurelio, por lo menos en su itinerario biográfico, donde la creatividad filosófica sigue el compás de su itinerancia en esta "ciudad universal". Los nombres que podemos mencionar son muchos, pero basta indicar que la filosofía moderna de Occidente empieza con el francés René Descartes, un buen ejemplo de cómo la mentalidad cosmopolita imprime originalidad y carácter al pensamiento. Antes de concentrarse, en un lugar extranjero, sobre su obra, el autor del *Discurso del método* se propuso conocer el "gran libro del mundo". Como, en cierta medida, su antecesor Montaigne,[3] no se apoya en la "naturaleza", ni en la "cultura", con su tradición y autoridades, sino en el "mundo de los hombres". Descartes termina sus estudios a los veintiún años, se apunta a la milicia, que le hace salir de su ciudad, y a los veinticuatro años emprende un periplo europeo que cerrará ocho años después, instalándose en Holanda, donde aún cambiará varias veces de domicilio. En el *Discurso*, publicado a los cuarenta años de edad, una cota madura para su tiempo, consigna, en efecto, que quiso buscar una seguridad en el conocimiento y la conducta, y que por ello abandonó los estudios recibidos en ciencias y letras, para iniciar por su cuenta un nuevo saber. Éste, dice, lo encontrará en él mismo –se entiende en la experiencia personal de variados ambientes–, complementado con el estudio del mundo humano sin fronteras: «[…] viajar, ver cortes y ejércitos, frecuentar gentes de diversos humores y condiciones, recoger experiencias, ponerme a prueba de mí mismo en las situaciones que la fortuna me deparaba». Leer, pues, en el gran libro del mundo, como ciudadano universal, cosa que confiesa haberle dado mejor resultado «[…] que si no me hubiera alejado nunca ni de mi país, ni de mis libros».[4]

En el mismo contexto europeo la visión cosmopolita se introduce como tal con Grocio, Pufendorf y otros tratadistas del derecho natural, asimismo pertenecientes al siglo de Descartes. Por naturaleza, pensaban, los humanos poseen razón y están organizados en naciones, lo que les otorga, ante todo, dignidad moral, y les permite, por otra parte, constituir una sociedad internacional de estados, como sostiene el holandés Grocio –de la ciudad y el tiempo del gran pintor Vermeer– en su obra *De iure belli ac paci*, publicada, en París, en 1625. Esta perspectiva filosófica se concreta como una propuesta federal para la coordinación de los estados europeos en la obra *Proyecto de paz perpetua*, del jesuita y filósofo francés Charles-Irenée de Saint Pierre. Excluido de la Academia Francesa por criticar el absolutismo de Luis XIV, Saint Pierre participó en las negociaciones de la Paz de Útrecht, tras la cual escribió este voluminoso libro, publicado a partir de

1712. El autor defiende en él que una federación europea ayudaría a resolver por vía de arbitraje los endémicos conflictos entre los estados del continente, asegurando, así, una paz perdurable. Obtuvo las simpatías de los primeros ilustrados, como Fontenelle y Voltaire, pero sobre todo mereció la atención de Rousseau, que redacta, en 1756, un *Extracto* de la obra, si bien con el reproche de que el poder de los príncipes debe ser sustituido por el del pueblo soberano.

Antes de finalizar el Siglo de las Luces la idea de Saint Pierre es desarrollada por Kant en *La paz perpetua* (1795), pero en la forma más ampliada de una federación universal de estados republicanos. Estamos ya ante una propuesta de gobierno cosmopolita: «Si existe un deber –acaba la' obra– y al mismo tiempo una esperanza fundada de que hagamos realidad el estado de un derecho público, aunque sólo sea en una aproximación que pueda progresar hasta el infinito, la paz perpetua, que se deriva de los hasta ahora mal llamados tratados de paz, no es una idea vacía, sino una tarea que, resolviéndose poco a poco, se acerca permanentemente a su fin, porque es de esperar que los tiempos en que se producen iguales progresos sean cada vez más cortos». Las naciones por sí solas se conducen ante las demás como si estuvieran en "estado de naturaleza", una situación inestable, asegura Kant, que provoca el desequilibrio económico y la guerra. Toda paz surgida en este contexto es una simple y transitoria "no guerra". Pero la humanidad, en uso de su razón, no se conforma con esta paz precaria, un inestable "estado de paz", y puede hacerse el propósito cosmopolita de pasar a un "estado de civilización" entre las naciones, asegurándose una situación tal en que la paz se alcance por acuerdos, no por victorias ni pacto de intereses, y sea, así, "perpetua". Lo fundamental para esta paz es, pues, la clave o propósito (*Absicht*) cosmopolita.

De ella trató Kant en su breve ensayo *Ideas para una historia universal en clave cosmopolita*, publicado en 1784, y escrito mientras ultimaba su principal libro de ética, *Fundamentación de la metafísica de las costumbres*. La ilustración y el comercio, observa el filósofo, hacen que sus protagonistas, si caen en la cuenta del nuevo orden de posibilidades de convivencia mundial que su propia actividad encierra, no puedan evitar "poner su corazón" en esta nueva perspectiva de una sociedad pacífica. Pero, a su vez, tal sentimiento se transforma en la esperanza de que, tras cambios y reformas, al final acabará constituyéndose un "estado cosmopolita universal" donde la naturaleza humana pueda ver cumplidas todas sus originarias disposiciones a la paz. La visión cosmopolita de la historia, una visión con amplitud de miras, consiste, pues, en la adopción de un punto de vista apriori de los hechos, estimulado con el sentimiento y favorable a una interpretación del decurso histórico como si éste, en consonancia con un plan de la naturaleza, no pudiera cumplir otro objetivo que el de avanzar hacia una comunidad mundial sin guerra. Los hechos, por sí mismos, no pueden "confirmar" que este hilo conductor ético sea verdad, pero tampoco pueden desmentirlo, ni menos impedir que sea tenido en cuenta, en adelante, como clave cosmopolita para transformar la realidad actual de conflictos por diferencias entre naciones e intereses políticos. Ojalá que esta clave sea incorporada en la reflexión de gobernantes y ciudadanos en general, aunque el mayor problema para la especie humana –reconoce Kant– sigue siendo el cumplir este designio a la vez natural y racional. Todo el obstáculo reside en la poca disposición a tener la voluntad de ser cosmopolita.[5]

Del planteamiento kantiano, el primero en inscribirse en una *Weltphilosophie*, o filosofía que no se quiere "escolar", sino cosmopolita, podemos deducir lo siguiente. Así como en el conocimiento de la naturaleza trabajamos con la idea de evolución ("leyes de la naturaleza", para Kant), en el conocimiento histórico y moral lo hacemos con la de humanidad, una idea que la naturaleza misma tiene el "plan oculto", dice Kant, de desarrollar hasta su perfección. De hecho, las dos ideas vienen a actuar de forma paralela en nuestro entendimiento; pero si imaginásemos que la idea de humanidad, en particular, no cuenta para nada en la historia y la moral, a buen seguro nos parecería un pensamiento inadmisible y sería rechazado. Por lo tanto, se podría concluir que un concepto cosmopolita –y sobre todo éste– de humanidad es bueno para conocer la historia y para hacer posible la moral en ella y ponerla a su servicio. La prueba es que, a pesar de los siglos de cultura, continuamos preguntándonos: ¿qué es el ser humano?, ¿qué nos hace humanos? Si no abrigásemos la creencia, aunque luego digamos no estar de acuerdo con ella, de que la humanidad cosmopolita –la humanidad entera, no uno de sus trozos– es una idea válida en sí misma, no podríamos discutir sobre lo "humano", e incluso los estados menos dispuestos a reconocer los derechos humanos no harían gala, como hacen, de los "beneficios" que creen haber proporcionado a sus súbditos y al mundo.

Sin embargo, el mundo ha cambiado mucho después del cosmopolitismo de Kant. Sus premisas principales, que son el objetivo de una paz permanente, el instrumento de una federación de estados y una filosofía de fondo en clave de moral universalista, todo eso tiene que ser repensado de otro modo en la era de la globalización. Kant no tenía en cuenta, por ejemplo, los derechos de las minorías nacionales y culturales, el poder de los medios de comunicación o los desafíos del terrorismo. El filósofo pensaba sólo en conflictos limitados entre estados.[6] Además, y sobre todo, tanto el cosmopolitismo estoico como el kantiano dan por supuesto un universalismo ético, basado en la *confianza en la razón*, que cada vez tiene menos que ver con el globalismo neoliberal que acompaña al actual proceso de globalización. Si no aclaramos que esta filosofía racionalista del cosmopolitismo es muy anterior y diferente a la ideología globalista de hoy, es fácil que se la considere, sin más, una expresión, entre ingenua y perversa, del "globalismo" dominante.

Es posible que cualquier forma de cosmopolitismo anterior a nuestra era global esté ya superada por los acontecimientos o deba ser corregida en algún importante aspecto teórico. Por lo menos en Occidente, no hay un único pensamiento cosmopolita. Desde Diógenes, se han sucedido muchos pensadores "nacidos al mundo", como Descartes, y unos cuantos, diversos entre sí, que se han propuesto, como Kant, o Derrida y Nussbaum, entre los contemporáneos, una filosofía de tema específicamente "cosmopolita". Para concluir este capítulo, propongo una sencilla clasificación aproximativa entre cosmopolitas "clásicos", "modernos" y "postmodernos".

Esta tripartición sigue un criterio histórico, de los más antiguos a los actuales. El cosmopolitismo clásico, o, por su signo dominante, "aristocrático", comprende desde los antiguos cínicos y estoicos hasta los humanistas del Renacimiento, incluidos aquí Erasmo y Montaigne. Se trata de un cosmopolitismo filosófico y con referencia a la cultura del "cuidado del alma" y de la *humanitas*. En el trasfondo se encuentra la economía agrícola local y la sociedad primero esclavista y después estamental. Si se tuvieran que resumir con un solo trazo sus ideas, podría decirse que los cosmopolitas clásicos entienden que lo universal es el espíritu; que la razón universalista es lo que une a los individuos, y que éstos se proponen como objetivo cosmopolita su unión intelectual, más que de otra clase. El modelo anticipado de esta unión sería, así, en el buen sentido, la secta filosófica, la comunidad de la razón.

El cosmopolitismo moderno, o, por su género político, "republicano", incluye desde los primeros teóricos del derecho internacional, en el siglo XVII, hasta intelectuales del siglo XX como Hannah Arendt y Walter Benjamin, o Edward Said y Amartya Sen, entre tantos defensores de la cultura de la "modernidad". Para todo este largo período, que tiene sus cimas en la Ilustración y el primer socialismo, las ideas básicas son que lo universal es el derecho; que aquello que une a los individuos es la voluntad universalista, no tanto la razón, y que la meta del cosmopolita es alcanzar la unión civil de los ciudadanos, ejemplificada en el estado republicano. Lo propio de este segundo ciclo cosmopolita es su transformación jurídico-política, supuestas ya las bases filosóficas recogidas del período anterior. Y el telón de fondo viene constituido por la sociedad de clases y el mercado nacional de expansión colonialista.

El cosmopolitismo postmoderno se ha iniciado a finales del siglo XX con la globalización económica, y es, con excepciones, "neoliberal". Presupone no sólo el mercado capitalista mundial –el capitalismo no tuvo antes tal extensión–, sino una desequilibrada división del mundo en regiones económicas. En lo intelectual se trata de un cosmopolitismo de argumentos económicos: lo universal es el mercado; aquello que une son los intereses con carácter mutualista, y la cosmópolis universal es una unión, ante todo, de portadores de intereses, una unión económica. Aunque la cultura que da pretexto y vestimenta a este ideario neoliberal es la de la "Globalidad", aquella que celebra la unidad y, a la vez, la diversidad del mundo. O la libertad individual y su complemento, el humanitarismo. Entre otros, representan esta visión autores como Dahrendorf, Giddens o Ignatieff.

Una contradicción del cosmopolitismo hoy predominante es que la libertad sigue estando pensada según las condiciones de los países occidentales, y dentro de ellos para las clases con bienestar económico. Pero los otros dos modelos ofrecen limitaciones parecidas. Así, el cosmopolitismo republicano reserva la libertad para los connacionales, y el aristocrático sólo pensaba en los ciudadanos varones de la propia etnia, no en las mujeres, ni en los esclavos, ni en los extranjeros. Es decir, las tres etapas hasta hoy del cosmopolitismo occidental todavía no se proponen, o no consiguen, remover el "estado de naturaleza" entre los estados o comunidades políticas del planeta, ni acabar con la primacía de los valores étnicos sobre los de la ciudadanía democrática, ni, por lo tanto, suprimir la división entre la patria y el extranjero.

El modelo clásico de *civitas maxima* se encuentra aún supeditado al tipo de sociedad esclavista; el moderno, al nacionalismo de los estados, y el más reciente, el neoliberal, a la producción capitalista, con sus formas de hegemonismo tanto económico como cultural. De todo ello se concluye que el próximo ciclo del cosmopolitismo tiene que ser enteramente democrático, para que pueda sostenerse sin contradicciones. La "ciudadanía del mundo" será democrática o no será.

6. EL NOMADISMO GLOBAL

En los últimos años, muchos autores del ámbito académico se han interesado por el tema del cosmopolitismo. No sólo es abordado, como hace, entre otros, David Held, desde la teoría política, sino desde casi todos los enfoques de las ciencias sociales y humanas, y, por supuesto, desde la filosofía.[1] Cabe atribuir este interés al hecho de querer comprender la realidad y las posibilidades de la globalización en el mundo, como se recoge en el *Cosmopolitan Manifesto*, del sociólogo alemán Ulrich Beck.[2]

La mayoría de estas reflexiones critican el viejo cosmopolitismo. Por éste se entiende el dependiente del esquema universalista de la Ilustración europea, que oponía lo cosmopolita a lo particular y local. De hecho, algunos multiculturalistas ven en el actual cosmopolitismo una amenaza al reconocimiento de los grupos y culturas, pues siguen pensando que ser cosmopolita equivale a ser contrario a las identidades diferenciales. Sin embargo, el cosmopolitismo que apunta con el nuevo siglo XXI trata de hacer ver que no se apoya en este viejo antagonismo. Una parte destacada de sus representantes, aquellos más consecuentes con la opción por la democracia y el principio filosófico del pluralismo, admiten que las demandas de grupos y culturas, y aún de las identidades nacionales, pueden ser atendidas desde un marco superior cosmopolita. Como ejemplo, un tanto extremo, el filósofo norteamericano Anthony Appiah propone un "patriotismo cosmopolita", en prueba de que no hay contradicción entre patria y mundo.

Hoy puede ya asumirse que la afirmación de las identidades locales y las reivindicaciones particularistas no tienen por
qué ser manifestaciones de autoexclusión ni un producto del
odio. Por ello, el nuevo cosmopolitismo se hace acompañar a
veces de adjetivos como: "nacional", "vernáculo", "arraigado", "situado", etc. Sigue siendo universalista, pero trata de
complementar, o por lo menos de no oponer, lo universal y lo
particular, lo global y lo local, en el marco de una afirmación
cosmopolita. El pensamiento cosmopolita anterior, con su
universalismo antiparticularista y deslocalizado, culturalmen-
te *rootless* o sin raíces, se ve ahora como una expresión *naïf*,
ingenua, de la filosofía, o bien como una manifestación de
imperialismo político que se sirve del vocabulario universalista para justificarse. Bajo la primera sospecha estarían, por
ejemplo, Kant y Voltaire, por su limitación a la hora de ver y
respetar la diferencia de culturas en el mundo. Y como sospe-
chosos de lo segundo aparecen nada menos que los estoicos,
quienes primero difunden la idea de que todos somos ciudadanos del mundo. Así, Séneca y Marco Aurelio esconderían,
tras su filosofía cosmopolita, un pensamiento de conquista.
En cualquier caso, el cosmopolitismo, de la Grecia clásica
hasta la misma modernidad, adolece de una historia de arrogancia intelectual a la que se debe poner punto final en nombre de la democracia pluralista, y sin que sea dable pensar, de
ahora en adelante, que ser cosmopolita significa negar o
"superar" un mundo de identidades y filiaciones múltiples y
posibles a la vez.[3]

Con todo, el nuevo cosmopolitismo no lo ha traído la teoría, sino que viene impuesto por la propia realidad. Cada vez
vivimos y pensamos más, aún sin saberlo, en clave cosmopolita. Quien no se ve obligado a viajar, gusta hacerlo o –lo que
es más común– necesita tener un ánimo viajero para poder
sobrevivir y trabajar. Durante centenares de miles de años la

especie humana estuvo compuesta por sociedades nómadas. Sólo en el tardío Neolítico y con la aparición de las ciudades el hombre pasó a la condición de sedentario estable. Apenas treinta siglos después, con la industria y el transporte modernos, los sedentarios dejaron de ser estables para ser movibles: la permanencia, en el capitalismo industrial, se combinaba con una cierta capacidad para moverse dentro y fuera del mercado de trabajo local o nacional. El estado nacional debía asegurar, por lo demás, el derecho a moverse en vertical y horizontal, por así decir, en el mercado local. Aprender, producir, prosperar, requerían saber moverse en el espacio y en la escala social antes de ocupar la posición sedentaria deseada y en cierta medida esperable, si uno trabajaba por ella. Pero con el capitalismo informacional y la sociedad del conocimiento, los trabajadores y quienes buscan empleo han tenido que regresar a la condición de nómadas, bien sea en el sentido físico, como migrantes, bien en el sentido cultural, como individuos que deben, desde muy pronto, "aprender a aprender", "reciclarse" con nuevos cometidos y conocimientos, para "adaptarse" a las demandas del mercado, y siempre estar dispuestos a "cambiar de mentalidad", para no ser excluidos del sistema productivo. En dos palabras, la condición ocupacional del sujeto moderno es la del nómada intelectual, que no moral.

¿Cómo no entender la condición cosmopolita desde esta situación hoy generalizada? El sedentario, físico o mental, acabará siendo un excluido social. Pero otro factor de la experiencia que nos acerca igualmente al cosmopolitismo es el consumo, hoy una forma de vida, y no sólo de compra y gasto. Hasta se puede ser consumista sin gastar, sólo por el hecho de orientar nuestras preferencias y deseos bajo el impacto de la publicidad. Como sea, ciudadanía, consumo y cosmopolitismo condicionado se solapan de forma creciente y crean híbridos inesperados entre la vida privada y la esfera pública. Consumimos determinados productos y servicios –ropa, comida, libros, música, eventos interculturales, etc.– como expresión de un gusto cosmopolita, de una querencia desacomplejada por lo global, por lo que es común a la gente, a pesar de las ridículas fronteras, para descubrirnos o imaginarnos como ciudadanos libres, inmunes a clases y razas, y sobre todo capaces de elegir por nosotros mismos. El consumo es mucho más que la compra: es una ficticia ventana al mundo sobre un conato de ciudadanía. Para nuestro caso, es otra predisposición favorable al cosmopolitismo.

Lo mismo que otro factor de igual magnitud social: el turismo. La circulación por el mundo se ha hecho normal hasta la banalidad.[4] El turista ni siquiera va a sitios: circula entre imágenes, origen y destino, para fijar en nuevas imágenes este recorrido. Ellas no confirman ni desmienten nada sabido o presentido por el turista con anterioridad. El desplazamiento ha perdido prestigio, porque ha desaparecido el lugar como realidad previa a sus imágenes y una ocasión, por tanto, de experiencia personal. Millones de turistas intercambian a conveniencia un destino turístico por otro: Acapulco por Estambul, Praga por Río de Janeiro. El lugar parece lo de menos. Luego, ¿cómo ha de importar el viaje? Es un fracaso de la cultura viajera, pero no deja de ser una experiencia favorable al cosmopolitismo. El turista está dispuesto a cualquier destino.

El nomadismo global, en sus variadas dimensiones, es un hecho en el mundo. Y el cosmopolitismo, tras él, un horizonte más cercano, una causa menos elitista. Por lo menos hay cada vez más gente con un tino de vida cosmopolita. Al margen de que se quieran o no unos trotamundos, su incansable ir y venir por el globo –su *globe-trotting lifestyle*– les acerca, en apariencia, a lo que desde el siglo XVIII se ha tenido por una existencia cosmopolita. Un mes seguido en su domicilio, no fuera de él, les hace sentir "desplazados" y hasta padecer ansiedad. Son el cosmopolitismo real, aunque no posean esta mentalidad. «Puedo vivir en cualquier lugar en el mundo, pero tiene que ser cerca de un aeropuerto», exclaman hoy a la vez los trotamundos por ocio y por negocio.

De la observación de este variopinto cosmopolitismo real, podemos concluir, según una clasificación sociológica, que existen actualmente tres clases, al menos, de sujetos cosmopolitas. Un primer grupo es el que puede ser puesto bajo el rótulo de cosmopolitismo de consumo. Incluye ante todo a los cosmoconsumidores por excelencia: los turistas. En 1950 hubo unos 25 millones de ellos en el mundo. En 2003 fueron ya 700 millones. Con sus movimientos se mueve también la economía mundial, la cual necesita, a su vez, de otros viajeros frecuentes. Éstos son los *managers* comerciales, que cumplen el papel de los antiguos mercaderes. Por último, en el mismo grupo de cosmoconsumidores hay que incluir a los profesionales de los medios de comunicación y del espectáculo, cuyos antepasados fueron los primeros intérpretes de jazz y los actores de cine, a principios del siglo xx.

Otro grupo es el que se mueve dentro de un cosmopolitismo proactivo, aquel que reúne a los cosmousuarios con poder político o económico y en el que viajar es una expresión ligada a la importancia. Ahí están políticos y diplomáticos, empresarios y financieros, directivos y funcionarios transnacionales, agentes intergubernamentales y cooperantes con un cargo en tareas humanitarias. Cualquiera de estos cosmócratas se presenta antes, en razón de su oficio, como representante de un organismo o una función internacionales que como portavoz de una entidad nacional. Un empresario cosmopolita no dice, por ejemplo: «Dirijo una empresa norteamericana», sino: «Dirijo una empresa multinacional afincada en Chicago».

Y en tercer lugar podemos hablar de un cosmopolitismo de élite, aquel que sustituye hoy a los viejos exploradores y misioneros: el cosmopolitismo intelectual (*cosmo-intelligentsia*) de científicos y académicos, escritores y artistas, investigadores y gestores de la cultura. Éste es el grupo, por su condición cultural, más tendente a una visión cosmopolita, pero forma parte, con los dos anteriores, de un cosmopolitismo sociológico, determinado por las condiciones de producción y consumo. Se trata, pues, de un *soft-cosmopolitanism*, o cosmopolitismo blando, no necesariamente consciente de sí mismo, ni partidario de una ciudadanía mundial por encima de la local.

Los tres grupos citados pueden hacerse corresponder, respectivamente, con los tres círculos de actividad del estado moderno que describía el filósofo Thomas Hobbes en su *Leviathan*: los cosmoconsumidores pertenecerían a la *Libertas*, el círculo económico de los artesanos y mercaderes (*merchants*). Los cosmócratas o cosmopolitas proactivos convendrían a la *Potestas*, el grupo de los dirigentes políticos (*rulers*). Y los cosmopolitas de élite, ligados al conocimiento y a las ideas, constituirían lo que era para aquel gran pensador de la política la *Religio*, pues artistas y científicos son los nuevos configuradores de pensamiento (*clerics*). Con los nómadas y cosmopolitas de tiempos anteriores no era posible tal presencia y distinción de papeles. Había pastores transhumantes, cazadores de grandes recorridos, mercaderes del desierto, navegantes, constructores y artesanos en desplazamiento, cosechadores viajantes, estudiantes transfronterizos, aristócratas en su *tour*, peregrinos, misioneros, caballeros cruzados, mercenarios, desterrados, cautivos, comediantes del arte, feriantes, contrabandistas, chatarreros, buscadores de oro, exiliados, refugiados, emigrantes que huían del hambre... Pero todos ellos juntos no reproducían el conjunto y la estructura sociocultural de su mundo. No obstante, con los "nómadas globales" de hoy y sus tres grupos característicos nos acercamos bastante a una reproducción del orden mundial en clave cosmopolita. Por lo menos representan las tres dimensiones de la globalización en curso: la económica, la jurídico-política y la cultural.[5] En este sentido, el *soft-cosmopolitanism*, o cosmopolitismo blando que envuelve a casi todos nuestros nómadas globales, vendría a ser también el reflejo, en términos universalistas, del globalismo neoliberal, la ideología que acompaña a la globalización. Más aún, Pierre Bourdieu y Craig Calhoun, entre otros, han criticado esta nueva especie de cosmopolitismo, satisfecho con todos los tópicos de la "globalidad", como el último esfuerzo intelectual para revitalizar el desgastado liberalismo.[6]

No obstante, en los tres mencionados grupos de los cosmopolitas actuales no constan los individuos desplazados por causas ajenas a su voluntad, es decir, los cosmopolitas forzosos. Éstos superan en número a quienes son viajeros por gusto, como los turistas, o se desplazan por motivos profesionales. Son, igualmente, personas en movimiento, pero viajan a su pesar, perseguidos por la dictadura o el hambre. Y aunque se muevan de modo constante de la periferia al centro, y del centro a la periferia, adaptándose a todo lugar, y sin que a veces se reclamen de patria alguna, no por ello hay que denominarlos cosmopolitas. Son, unos, refugiados políticos y solicitantes de asilo; otros, los más, emigrantes pobres en busca de trabajo, que crecen en el mundo en la misma proporción en que aumenta la población global, a un ritmo de 77 millones de habitantes al año. Y están, también, los transmigrantes (*diaspora people*), gente desplazada de continuo, sin contacto, apenas, con su país y cultura de origen. No quieren permanecer siempre en su lugar de destino, pero tampoco estar de paso ahí. Es cierto que más allá de la cultura propia y de la ajena todos estos grupos consiguen hacer emerger siempre de su existencia una "tercera cultura" que renueva en parte las anteriores.[7] Pero a esta multitud de perseguidos y necesitados no puede llamárseles sin cinismo "cosmopolitas", aunque se muevan de un lado a otro y hayan ido abandonando por el camino sus raíces. Sumados juntos, constituyen el nuevo proletariado mundial, el residuo aprovechable de la globalización. Si bien a diferencia del proletariado anterior, el de la época industrial, ahora tiene, además, la condición de pueblo sin patria. O de paria; pero no es "cosmopolita".[8]

Esto último exige, en propiedad, libertad, y por lo menos voluntad para serlo. No es lo mismo pensar que el mundo es la casa de los que no quieren tener casa, que la casa de quienes no pueden tenerla, como los parias imposible de llamar cosmopolitas. Tienen un itinerario, no son vagabundos, pero no es el que han elegido. La condición itinerante del nuevo proletariado le priva a la vez de libertad y de destino. Mientras tanto, es un hecho que el cosmopolitismo voluntario está hoy protagonizado por grupos e individuos privilegiados. En la ciudad de Chicago, si vale el ejemplo, hay un alto porcentaje de población hispana y afroamericana. Sin embargo, en el O'Hare Airport de esta capital sólo se ve a blancos y a algunos asiáticos como usuarios habituales. El *globe-trotting lifestyle* está reservado para una minoría acomodada o con pedigrí profesional. Por otra parte, aunque el tipo de vida cosmopolita sea voluntario —y no es concebible de otra manera—, como sucede con todos los "nómadas globales" de nuestro tiempo, ello no denota necesariamente en estos sujetos una actitud favorable al orden cosmopolita de valores. No hay que suponerles ninguna *cosmopolitan education*, al decir de Martha Nussbaum,[9] ni tampoco una apuesta por un orden cosmopolita mundial, en lugar de la común y arraigada preferencia por un orden fragmentado de estados y patrias. Así pues, ni toda la gente desplazada es cosmopolita, ni todos los que parecen ser esto último en realidad lo son. Pocos asumen el cosmopolitismo en tanto que opción de vida y de organización política. Al contrario de la época de Marco Aurelio, o la de Voltaire, hoy el cosmopolitismo es más potente como hecho –los "nómadas globales", el globalismo consumista– que como pensamiento, en cuyo ámbito la idea cosmopolita se disuelve como azucarillo en la retórica cosmopolita de consumo.[10] Ahí está, en esta apariencia de triunfo, el mayor obstáculo para que siquiera se llegue a comprender, antes de mostrarse en los hechos, qué significa hoy ser cosmopolita.

Ser patriota o cosmopolita no son dos maneras de estar, sino de ser. Más aún: de pensar. Son una mentalidad. Ser viajero o nómada no implica quererse ciudadano del mundo. Del mismo modo, ser patriota no presupone vivir de manera sedentaria. Son dos mentalidades opuestas, pero con una referencia común: la identidad política. Para el patriota, primero es su país. Para el cosmopolita, es el mundo. La oposición se establece, pues, en torno a la *polis*, la ciudad o lugar de vida en común. Están reñidos por la identidad, pero en su relación con la política. Si el viajero o el sedentario, el nómada o el poblador, no se pronuncian al respecto de esta identidad, no hay caso para hablar de si son cosmopolitas o patriotas. No obstante, para ser cualquiera de las dos cosas hay que referirse a un aspecto concreto de la identidad política, no al resto. Porque esta identidad tiene muchos lados, como un poliedro: la ideología, la moral, la participación, la forma de comunicarse, el vínculo con la religión o la cultura, el interés económico. ¿Qué no constituye también "identidad" en la política? Pero aquel aspecto de la identidad política que nos hace decir si un sujeto es o no cosmopolita, o patriota, consiste, en concreto, en la relación de pertenencia (*membership*) del individuo respecto del grupo o comunidad política.

La pertenencia política es objetiva y subjetiva a la vez. No sólo se "ve", como al mostrar nuestro pasaporte, ni es sólo una apuesta personal e íntima a favor de un pueblo o de otro, o de ninguno. Stendhal, francés, se sentía *milanese*. La relación de pertenencia tiene como principales elementos constitutivos los propios "hechos de la pertenencia", que podemos llamar manifestaciones de inclusión (*statements of belonging*). Aunque también está constituida, como elemento decisivo, por el "sentido de la pertenencia" vivido por cada uno, es decir, por el conjunto de sentimientos de compromiso (*feelings of commitment*) que posee el individuo hacia el grupo o la sociedad en general.

Las "manifestaciones de inclusión" expresan relaciones de hecho entre el individuo y la colectividad. Las cuales son, ante todo, físicas. Véanse los vínculos de sangre (grupo racial, parentesco, dinastía), de territorio (origen, arraigo, establecimiento) y de residencia (localización, vecindad, interdependencia). Pero es importante, también, el vínculo legal, aquel que suma la condición, en una palabra, de ciudadano, a la de ser miembro de una comunidad política por el mero hecho físico, étnico o sociológico de formar parte de ella. Etnicidad y ciudadanía hacen, pues, la identidad política objetiva, en lo que respecta, al menos, a las relaciones de pertenencia.

No obstante, los "sentimientos de compromiso" son tan importantes a la hora de plantearse y analizar estas relaciones de pertenencia como aquellos otros factores más objetivos. La identidad política también tiene, en este asunto, una dimensión subjetiva, tan decisiva como la otra. Que pertenezcamos o no a un país o localidad se muestra a través de distintos vínculos físicos, unos, y legales, otros, de los que podemos abjurar, pero casi nunca despojarnos a voluntad. En cambio, sí podemos determinar los contenidos más personales de la pertenencia a un lugar, que se hace y rehace con nuestros sentimientos de compromiso hacia él y su gente, o en relación con los símbolos que creemos que expresan estas cosas. Dichos sentimientos son de dos clases. Unos son estéticos, y tienen lugar en y por la imaginación. Se trata del conjunto de creencias y afectos con que apoyamos y avivamos el sentido de la pertenencia a una comunidad: recuerdos, representaciones mentales, imágenes en construcción, expectativas, sentimientos de confianza... Otros sentimientos son más bien de origen ético y se expresan por medio de la identificación, el conjunto de ideales y compromisos con que pretendemos justificar o simplemente dar cuenta de nuestro sentido de pertenencia a la comunidad. Dicho más en concreto, es el conjunto de deseos, actitudes y actos que reflejan si hay o no, por nuestra parte, sentimientos de lealtad y obligación hacia un país más allá de la obligatoriedad fijada por ley.

En todo caso, lo que vengo llamando "manifestaciones de inclusión" (relaciones de hecho) y "sentimientos de compromiso" (relaciones voluntarias) en la construcción de la pertenencia política, son elementos que están relacionados entre sí, siendo deseablemente complementarios, pero que a veces pueden disociarse unos de otros y hasta oponerse entre sí. Por ejemplo, la inclusión puede no acompañarse de compromiso. Más aún: hasta puede uno abominar de ella, como hizo el escritor Thomas Bernhard respecto de su país, Austria, del que se avergonzaba. Y viceversa: el compromiso puede darse sin que haya inclusión, como lord Byron al luchar por Grecia, o muchos residentes, hoy, en Estados Unidos, que se sienten implicados en este país, sin ser aún ahí ciudadanos de derecho. Esta disociación creo que la entienden bien quienes se saben ciudadanos de un estado, pero no se sienten miembros de él, sino de una de sus regiones o comunidades con personalidad política propia, cual es el caso de los vascos y catalanes en España, los escoceses e irlandeses en el Reino Unido, los kurdos en Turquía o los punjabíes en India.

Tener en cuenta que la pertenencia a la comunidad no es sólo un factor objetivo, sino subjetivo, es uno de los puntos de partida clave para comprender la naturaleza y el alcance de los fenómenos del patriotismo y del cosmopolitismo, especialmente en el contexto de los modernos estados de derecho.

7. LA ILUSIÓN DE IMPERMANENCIA

El concepto de identidad es escurridizo. Pero corresponde a una realidad que ahí está. A nadie le gusta que le confundan su identidad, y se reclama, de una u otra manera, y en el momento menos esperado, portador de una identidad. Quizás no presuma de linaje, rango o nacionalidad, pero puede hacerlo de profesión, de ideología o simplemente de genio o personalidad.

Fijar la identidad no es fácil. Podemos incluso pensar que es imposible. Kant pensaba que la identidad personal en un sentido empírico, realista, es poco menos que impensable, pues presupone una identidad que nos sirva de guía y referencia en nuestras comparaciones. Un círculo vicioso. Pero la identidad sigue estando ahí. Es un concepto problemático donde los haya, aunque la realidad sobre la que se forma no es en sí misma ningún problema. En efecto, los grupos humanos, antes incluso que los individuos, tienden evolutivamente a distinguirse de sus vecinos e invocan, de un modo u otro, su propia identidad. Y en esta invocación tiene un efecto destacado la conciencia y el sentimiento de pertenencia, el rasgo "político" de la identidad al que me refería al final del capítulo anterior.

Identidad y pertenencia no se pueden separar.[1] No obstante, los lazos y los motivos de la pertenencia son muy variados y hay que tomarlos siempre con muchos matices. Para empezar, ya en las primeras poblaciones humanas la pertenencia al grupo no excluía prácticas como el intercambio de cónyuges, de bienes básicos y regalos, así como la adopción de creencias y rituales foráneos. Pertenencia no implica aislamiento. Por otra parte, aunque uno diga, con todo derecho, que no pertenece a lugar o comunidad algunos, de hecho es más la proclamación de un deseo que la mención de algo real. El poeta Jesús Lizano me dijo al recibirme en su ascético apartamento de Barcelona: «Ésta es mi casa, pero, como comprenderás, yo no *vivo* aquí». No pertenecer al lugar donde se mora. ¿Cómo es ello posible? El poeta no desea tener raíces, sino alas. Pero el refugio donde no quiere arraigar es parte de su vuelo también: no puede, y no sólo en sentido físico, "no vivir" ahí.

La pertenencia puede y suele producirse al margen de nuestras querencias y casi siempre es una parte que ignoramos de nuestra identidad. Sin ser conscientes de ello, para alguna gente, pertenecer a un sitio tiene más que ver con el permanecer que con el querer; con el estar ahí que con el ser o creerse ser de ese lugar. El patriotismo, como los nacionalismos, de estado o minoritarios, se fundamentan en vínculos alimentados por este conjunto de percepciones inconscientes que es la pertenencia. Me refiero a los lazos con la tierra, la sangre y la memoria que, real o supuestamente, dan lugar al sentimiento de patria o nacionalidad. Por descontado, el cosmopolitismo no exalta dichos lazos, ni cree en su "profundidad", pero sostiene, por su parte, otros nexos de gente y lugar en los que igualmente se escucha el sordo latido de la pertenencia. Aunque transeúnte por la tierra, un cosmopolita puede sentirse unido a espacios tan diversos como el mundo o una plazuela, una ciudad o un santuario, la humanidad o el barrio de su infancia, un proyecto o un recuerdo. Y estas mismas percepciones de pertenencia puede que estén en el origen de su cosmopolitismo, a pesar de decir, luego, que él o ella "no pertenece" a ningún lugar.

Uno de los factores determinantes del sentido de la pertenencia es la territorialidad. "Mi tierra", "mi país", emergen en cualquier debate sobre patriotismo o cosmopolitismo. No puede ser de otro modo, aunque eso no justifica la idea reaccionaria y peligrosa de un "espacio vital" para la política. La noción y el sentimiento de un territorio propio de cada comunidad o individuo forman parte de la socialización de nuestra especie. La territorialidad no es, sin más, una necesidad humana. Es una disposición adquirida y transformada con la cultura a partir de una base biológica.[2] La mayoría de los vertebrados superiores se sienten atraídos por territorios que les prestan abrigo, alimentación y un lugar para el apareamiento. Luego marcan y protegen "su" territorio. Unos lo hacen con orines, otros con fronteras. Para la especie humana, es una forma, además, de incrementar y asegurar los recursos propios de cada grupo o comunidad. Así, hemos creído, desde el Paleolítico, que un suelo en exclusiva hace que existan menos conflictos permanentes con el exterior y que aumente, a su vez, la unidad interior. El primer símbolo de la patria es el suelo. Puede hacer excepciones con la sangre, transigir con la memoria, pero no negociar con el suelo, el "solar patrio". El derecho de asilo, la hospitalidad, incluso la ciudadanía, ya desde Clístenes en la antigua Grecia, no existirían sin la preexistencia de las fronteras y la sagrada valoración de la tierra natal, que no sólo sirven de excusa para la guerra, sino para la convivencia con los extraños. *Quid est in territorio, est de territorio*. He aquí un principio de la Europa feudal, que, sin embargo, está aún por aplicar en muchos estados modernos, reacios a considerar no sólo "nacionales" sino "ciudadanos" a los residentes extranjeros. Por todo ello, el sentido de pertenencia no se construye sobre el vacío, como efecto de la sola imaginación. Pisamos un suelo y recorremos un espacio a nuestro alrededor. Nos hacemos con el lugar, en una interacción continuada: somos, en parte, su resultado, pero él acaba siendo también nuestro espejo, al que llamamos "entorno", "país" y "mundo". Al final el territorio es nuestro y creemos ser de él. Los humanos crecimos, como especie, en agrupamientos. Luego nos asentamos. Finalmente nos hemos convertido en seres territoriales: moradores, colonizadores, y negadores, si es preciso, del lugar, pero a favor de otro lugar, nuestro espejo.

No escapamos del territorio. Lo defendemos como rincón y terruño, país y patria, planeta y mundo. Damos la vida por la familia y la tribu, pero también por el poblado y el suelo patrio.[3] No hay, por ahora, esquema del pensamiento político que no presuponga, como observó, entre otros, Max Weber, la "unidad de residencia". El estado es, antes que gente, tierra y frontera. La humanidad se ha hecho con el crecimiento demográfico y la tecnología, pero también con la competencia por la tierra, además de otras supuestas propiedades. Incluso los tres grandes mitos de la "modernidad" occidental, el Estado, el mercado y la identidad, remiten al territorio. En relación con el primero, el territorio es el primer artefacto de la dominación y el control. Por lo que respecta al mercado, tanto la proximidad como la distancia sobre el terreno son estímulos de la explotación y el intercambio. En relación con la identidad, los límites reales e imaginarios del espacio lo son también de la producción y reproducción culturales. No se juega con nuestra tierra. Hace que nos sintamos nosotros y sepamos cuál es nuestro lugar, nuestra pertenencia. No hay identidad política, y con ella el sentido de pertenencia, que no presupongan, pues, la territorialidad. Aunque el cosmopolita se crea extraterritorial.

La relación con el territorio es innegable, pero cambia con el tiempo y el lugar, la sociedad y el individuo de que se traten. Es una relación variable, porque está regida por el uso, no por la propiedad. Lo que hace que una tierra sea "nuestra" es un modo de usarla y de interpretar, siempre, qué significa ella para nosotros. Al fin y al cabo, la territorialidad nace con fines prácticos.[4]

He hablado antes de la importancia de la morada para el refugio, la comida y el apareamiento. Con todo, la concentración de casas o campamentos en poblados se debe sólo a motivos económicos, si no defensivos. En realidad, agruparse en un mismo enclave, en lugar de continuar como nómadas perennes o ocasionales, nos aleja de la caza, la recolección de frutos y la labor en los campos de cultivo. Es cierto que los asentamientos tribales, primero, y luego urbanos, contribuyen a mejorar por lo menos el almacenaje y la distribución de los alimentos. Pero sirven de modo más evidente para el cobijo y, en especial, para la organización y la defensa del grupo. Los humanos hacemos como los primates con sus propias áreas de campo territoriales: explotarlas para la supervivencia y la reproducción, pero no a un coste cero, ni mínimo. Equivale, para los mismos fines, a desestimar el campo abierto, de un lado, y a concentrar esfuerzos, por otro, para la organización interior y contra posibles intrusos. Lo que puede y suele representar un elevado coste. Es decir, la territorialidad es una relación determinada por finalidades que dejan bien a las claras que la reserva de un espacio exclusivo para el hombre no es ni una simple "necesidad natural", ni tampoco, en el otro extremo, una relación social de "propiedad sobre el terreno". Si somos seres territoriales es porque necesitamos explotar con eficacia unos recursos que son limitados, pero también porque el territorio constituye, con el parentesco y el lenguaje, la base misma del sistema social y de la identidad del individuo en él. Hábitat y hábito se amoldan mutuamente.[5]

Si distinguimos, pues, entre patriotas y cosmopolitas, se debe a que la pertenencia, una de las claves de la identidad política, está medida hasta hoy por la territorialidad. El mismo Sócrates, cosmopolita por filósofo, no sólo no era un antipatriota, sino que se enorgullecía de no haber salido nunca de su Ática natal. La autoctonía ya era un valor en la Grecia antigua, como lo prueban sus mitos (Ariadna, Medea, etc.) y la propia manera étnica de concebir la ciudadanía. Y es que desde las primeras poblaciones agrícolas, que se unían en grupos territoriales conjurados a defenderse, los hijos de la tierra son, antes o en lugar de otros, los hijos de una y la misma tierra. De la parte principal están los autóctonos: aborígenes –los más "originarios" de la tierra–, indígenas, y, con el tiempo, vecinos, nacionales, compatriotas. De la otra parte, los heteróctonos, si así pueden ser llamados: foráneos, forasteros (del latín *foras*, "de fuera"), inmigrantes, extranjeros, cosmopolitas. Los primeros son los "naturales" del lugar, por ser de la misma tierra. Los otros son los "extraños", *aliens* en Estados Unidos, los nacidos fuera del lugar y que llevan otra tierra en sus suelas. Si quieren ser de los primeros, tendrán que "naturalizarse". Una actitud, en definitiva, cosmopolita, es un desafío a una de las creencias más arraigadas de la humanidad: nuestra supuesta naturaleza territorial.

El pensamiento dominante es, hasta ahora, hacer sentir el territorio como patria. Para ello el recurso de todas las épocas es la metáfora: la ciudad es "Roma", el reino es "Cristiandad", el estado es "Pueblo", el mundo es la "Humanidad". De este modo, se empieza a percibir el territorio como algo íntimo y propio, la tierra de uno. Pero a continuación entra en escena el mito, pues hay que hacer ver que todos los hijos de la tierra se deben en común a ella como miembros de una *civitas*, la comunidad política. Así, la urbe es *polis*, el dominio señorial es *principatus*, el estado moderno es *république*, y el mundo puede ser algún día *United Nations*. No obstante, y para cerrar este marco simbólico, si se afirma tal pertenencia del individuo a la patria y su comunidad se hace en virtud de lo que se cree y hace creer que son los vínculos naturales que nos unen a ellas. Con la antigua ciudad el vínculo fue el *genos*, con el reino la *religio*, con el estado es la nacionalidad, mientras que desconocemos aún en qué raíces se creerá si es que existe, el día de mañana, un orden político mundial: ¿la "especie humana"?, ¿el "interés de los pueblos"?, ¿la "nave Tierra"? Al final, pues, todas las divisiones territoriales se justifican por medio de creencias en lazos y raíces naturales, casi siempre de tipo étnico o racial. Mientras, no es verdad, al contrario de los teóricos liberales del nacionalismo, desde Renan a Miller o Habermas, que la "nacionalidad" se oponga a la "etnicidad". Toda política nacional es etnoterritorial. Sólo el cosmopolitismo escapa de tener que hacer al final mención a la sangre, la fe o la identidad para hablar de nuestra relación con la tierra.

El territorio es un uso, no una propiedad. Una interpretación, no una realidad al margen de la cultura.[6] Si fuera sólo espacio, no disputaríamos sobre él. Lo hacemos porque es, además, un sistema de comunicación con el que configuramos el sistema social entero: economía, política, cultura. Por eso no es una unidad cerrada ni permanente. Está siempre en construcción: el espacio influye sobre el sistema que lo usa e interpreta, y este sistema influye sobre aquél. Pero determinadas formas de patriotismo y de nacionalismo se empeñan en hacernos creer que la territorialidad es un principio natural, no histórico, aunque basado en ciertos requisitos biológicos. Creen que con nuestro territorio mantenemos una relación de propiedad, no de uso, con lo cual la pertenencia a un país es medida en términos de posesión y de arraigo. En contraste, una visión menos ideologizada de la territorialidad, centrada en el uso y la interpretación que hacemos del hábitat, nos descubre que nuestra relación con el territorio es tanto más de permanencia en él que de "pertenencia" a él. Permanecer es lo que cuenta, también para la identidad política y los nexos de pertenencia a la comunidad.

No estamos atados al territorio. La cuestión frente a éste no es la pertenencia ni el arraigo. Ni siquiera la "habitación". Como en otras especies animales, lo que cuenta es la "adaptación". Es decir, si podemos y queremos adaptarnos a un lugar. Permanecer en él. Lo cual presupone una constante modificación del entorno. Estamos hechos para la tierra, no la tierra para nosotros; pero el hábitat, la estrategia de la territorialidad, sí está en nuestra mano controlarlo. Si somos territoriales es porque nuestra biología se impone también como extraterritorial. Buscar el hábitat es natural; disponer ésta u otra habitación, no. Religión, arte, ciencia y política nos recuerdan siempre que un modo esencial de extraterritorialidad caracteriza a la biología y la cultura de nuestra especie. No es un rasgo exclusivo de nómadas y apátridas. Ni una quimera de cosmopolitas. Sólo la vida cotidiana, con el despliegue de los símbolos y los ritos del hogar, posee una clara dimensión territorial. Pero, antes, las mismas instituciones y el mismo pensamiento que introducen la creencia de una atadura al territorio se han concebido y siguen presentándose a sí mismos como extraterritoriales: no hay poder ni discurso que no se pretendan, desde el inicio, "universales". Es casi seguro que no lo son, pero sin duda tienen un componente extraterritorial, como toda configuración predoméstica y extradoméstica de la cultura. El Estado sería una contradicción en sí mismo si se creyera, de hecho y por principio, consagrado a una raíz local. Al igual que el mercado, la universidad o el culto religioso. O la ciudadanía: por "nacional" que se presente, se busca a sí misma por encima de la tierra y, si se tercia, de las fronteras.

Nuestro mundo forma parte de un mundo más ancho que el

que pisamos y nos circunda. Otros animales no tienen más mundo que el de su entorno. Pero en los humanos no es así. El mundo que habitamos sabemos que es una parte del mundo, de un mundo que no nos viene dado, sino que imaginamos.[7] Además, el mundo al que sabemos que pertenecemos no es el mismo para todos, ni siempre es el mismo para uno. La relación con él no está nunca determinada o resuelta. Si la adaptación al mundo es una necesidad compartida con otros animales, en los humanos se verifica de manera distintiva a través de la cultura. El resto de animales se sirve del instinto para descubrir su entorno (*Umwelt*) o medio vital, y amoldarse a él. No es nuestro caso. Somos más débiles, porque nuestro instinto es débil. Pero más inteligentes, porque no tenemos propiamente entorno, sino una cultura que ha suplido creativamente nuestra característica ausencia de un vínculo fuerte con el exterior. La seguridad que encuentra el animal no humano en su biotopo o refugio no es la misma que la obtenida por el humano en su vivienda. Aquél es el producto de un haz de estímulos que surgen y se resuelven de un modo idéntico. Ésta, en cambio, resulta de un complejo de actos y significados. La patria es un portasignificados; el mundo, otro.

Un albergue en la noche, una habitación, la ciudad, no son ningún resultado previsible sobre nuestra necesidad de adaptación. Son un producto de la cultura frente a esta necesidad natural. Podrían haber sido otros, y, siempre, de otra manera. Abandonada, tras milenios, la caverna, debimos seguir pensando, durante siglos, que también el campamento, y el poblado, y la ciudad entre recias murallas, después, eran otras formas definitivamente "únicas" de residencia. Pero siempre ha habido ocasión de constatar que hombres y mujeres podemos, de hecho, vivir en todas partes y de distintas maneras. Nadie comparte ni siquiera la "misma" habitación: lo que representa para cada ocupante es distinto. Y así ocurre con la casa, la ciudad, el Estado. Son unidades de adaptación, sin duda, pero al mismo tiempo de significación. Para unos puede que sean "hogar" y para otros no, acaso "prisión".

Precisamos de continuo interpretar nuestro mundo y orientarnos en él. Unos son hogareños y otros mundófilos; unos arraigados y otros transeúntes. Pero éstas son "posiciones", formas de vida, no clases de naturaleza ni reacciones necesarias frente al medio. En los países ricos, donde hogar, lugar de trabajo y zonas de ocio se encuentran cada vez más distantes entre sí, podemos hoy constatar este carácter no determinista de la territorialidad en los humanos. Concluimos lo mismo a partir de las poblaciones hoy "desterritorializadas" en los países pobres: Gaza y Cisjordania, Cachemira, Eritrea, Namibia… Por ello, cualquier imagen de una necesidad o una opción absoluta, sin matices, sobre el territorio es excesiva y algo irrisoria. Al arraigado le costaría admitir sus raíces en realidad tiernas y cortas. Al desapegado de la tierra no le gusta reconocer que no nació ni creció vagabundo y que probablemente morirá en su ciudad, cerca de los suyos. La pertenencia o impertenencia no son completas ni tampoco posibles como extremos esenciales. Por eso mismo, al oír hablar de patriotismo y su contrario, el cosmopolitismo, hay que adoptar una actitud preventiva ante las declaraciones enfáticas o bien el lenguaje presuntamente objetivo, confundido aún con el deseo y el prejuicio. Es fácil mitificar el "hogar" y el "mundo", pero también las supuestas naturalezas o, por lo contrario, vocaciones, frente al territorio y en torno a la pertenencia. En el hogar hay más mundo del que se ve, y en el mundo más hogar del que creemos.

No se puede no pertenecer a ninguna parte, pero tampoco exactamente a una. La pertenencia es siempre tan plural como la identidad. Porque somos seres territoriales sin territorio prefijado, en un mundo que es más ancho que nuestro mundo recorrido. Ya el embrión se hace un espacio en la matriz. Y luego nace al mundo, no penetra en otra cavidad.

Así lo podemos constatar ante el elemento más subjetivo de la pertenencia a un lugar: la identificación. Por un lado, y en un primer momento, identificarse con una parte o con el todo del mundo es poseer un cierto "sentimiento de localización" hacia el lugar. Lo que importa, y más nos atañe, es ese lugar mismo, el "puesto" más o menos conocido o familiar que ocupamos sobre el territorio. Si la pertenencia, uno de los ejes de la identidad política, sólo dependiera de este sentimiento, todo se jugaría en si nos sentimos o no "arraigados" en el lugar y "miembros" de la comunidad. Por otro lado, y posterior en el tiempo, identificarse con un lugar, próximo o imaginario, corresponde, más que a un vínculo con lo particular, a una "actitud de apertura" al mundo, sea éste reducido o vasto. Lo que sale a relucir aquí no es el simple lugar, el "puesto" (*Platz*, en alemán) que ocupamos en el mundo, sino algo más sutil y complejo, pero no menos real: la "posición" (*Stellung*, en el mismo idioma) que adoptamos ante el lugar. La pertenencia, en este nuevo momento, ya no es una cuestión de anclaje a un sitio dado, sino de "toma de posición" (*Stellungnahme*), por la que un sitio real o imaginario, próximo o lejano, pasa a ser un sitio en permanente reconstrucción. Mantenemos con él lazos de interés y lealtad, o, en una palabra, de compromiso, pero ya no cabe hablar ahí de vínculos de arraigo o filiación. En esta fase, pues, de apertura de nuestra identificación, la pertenencia constituye un *proceso*, no un hecho o un conjunto de fenómenos de vinculación.

Todos los humanos solemos atravesar ambos momentos de la pertenencia y, en suma, de la identidad política. Pero a veces permanecemos en uno en detrimento del otro. Así, identificarse con el lugar es, para el patriota, detenerse y congraciarse en el "sentimiento de localización", acentuando de paso el lugar como puesto. En contraste, para el cosmopolita, la identificación, obviamente con el mundo, es ignorar o sobrepasar dicho vínculo, para significarlo como "actitud de apertura" hacia este amplificado y renovado lugar que es el mundo. La identificación no se confunde con un puesto, sino con una posición. Es expresión de apertura, no repliegue ni clausura. El ser humano está constitutivamente abierto al mundo, un mundo siempre susceptible de expansión, lo mismo que puede contraerse, en el caso contrario, cuando preferimos aferrarnos al lugar. El mundo no son nuestros límites domésticos, aunque podemos verlo y sentirlo así. Pero ni siquiera este apego o identificación, en sentido fuerte, anula nuestra capacidad para mantener esa permanente relación de apertura, que lo es también de alejamiento y objetivación, ante el mundo del que formamos parte. Parece que no ocurre así en otras especies. Creemos que sólo la nuestra vive teniendo a su mundo por delante.

El ciudadano del mundo es un excéntrico. Pero el hombre doméstico también. Ambos son un exponente de que no estamos atados al territorio y que la pertenencia a él oscila en la medida en que cambiamos nuestro sentido cultural de la identificación con el lugar. Somos territoriales, pero sin estar determinados por el territorio, y por ello es comprensible la dialéctica entre el patriotismo y el cosmopolitismo, la idolatría del hogar y el horror al domicilio. Ambas posiciones son los extremos de nuestro vínculo de indeterminación con el medio, por el que se produce nuestra vocación de caracol, querer estar dentro y muy al resguardo del mundo, o de ave siempre de paso, en la ilusión de estar en sus bordes o fuera de él. Pero hay muchas otras posiciones intermedias que asimismo nos confirman que nunca pertenecemos del todo a un lugar ni dejamos totalmente de pertenecer a él.[8]

Para recapitular: en un sentido filosófico, al menos, ser cosmopolita no es negar la identidad, ni uno de sus elementos clave, la pertenencia. El ciudadano del mundo tiene derecho, y de hecho así lo hace, a identificarse con uno u otro territorio, una u otra comunidad, el todo o la parte, mientras su lealtad sea en último término al mundo, no a la patria ni al domicilio local. Ni tampoco le es menester oponerse al arraigo a la tierra o al lugar, visto que nadie está, en rigor, atado al medio. El desarraigo, la *rootlessness*, puede ser una actitud a la moda, lo mismo que pretenderse multicultural o postmoderno, pero es un mito –al igual que el arraigo–, pues no podemos no pertenecer al territorio, pese a que, debe repetirse, no estamos determinados por él.

El cosmopolitismo se opone a la permanencia, no a la pertenencia. Los héroes y heroínas de la mitología griega –Medea y Jasón, o Teseo y Ariadna– pagan siempre caro el desarraigo, la pérdida de la tierra, no el alejamiento del suelo natal. Incluso los hebreos en Egipto, y los palestinos, después, dispersados por los romanos, todos en milenaria situación de diáspora, tratan de conservar los vínculos con su tierra y la cultura de origen, porque olvidarlos es desaparecer como pueblo. Los judíos, estos primeros cosmopolitas de la historia occidental, tuvieron que vivir, por ello, con la ilusión de impermanencia, una condición que el cosmopolita moderno, en cualquier lugar, tiene que incorporar, aunque por otras razones, a su naturaleza personal. Si no es un impermanente ahí, por lo menos tiene que imaginarlo así y vivir de esta ilusión. No importa pertenecer, lo importante es no permanecer. O soñarlo de este modo. Porque es impropio de un cosmopolita vivir siempre en el mismo lugar. Pues no es el arraigo, sino la permanencia, lo que nos ata al sitio y nos hace similares a la pequeñez de éste. Pueden tenerse, mientras, tantas raíces como se quiera, si no pensamos que deben ser las mis-

mas para siempre. Más impropio aún de un cosmopolita
sería, por tanto, renunciar a la ilusión de impermanencia,
aunque no pueda moverse de donde está.

No hay que conformarse con el cosmopolitismo blando, la
ideología de un modo de moverse en el mundo según las
reglas del mercado global.[9] Contrariamente, el cosmopolitismo es la metáfora de una manera de vivir, un modo de ser.
Antes que un proyecto político, y más que un hecho económico, representa una ética y una estética. Presupone, en fin, una
personalidad abierta al mundo y a sus cambios. Decir que es
cosa de vagabundos, turistas o profesionales, hoy, de la globalización, destacando casi siempre los tópicos del desarraigo, es
hablar de otra cosa, otras situaciones. Aunque permanezca en
un lugar y se identifique con su gente, lo esencial del cosmopolita es su actitud de apertura al mundo y a lo extranjero, su
worldliness o "mundanería" y no el vivir sin raíces ni morada.

8. MORAL COSMOPOLITA

No todo el mundo es cosmopolita. De entrada, ya es difícil ser "ciudadano del mundo", en la medida en que se trata de hacer realidad lo que no es otra cosa que una metáfora al servicio de una idea moral. Es difícil imaginar una ley que estableciera la ciudadanía del mundo, y de existir, ¿para qué serviría si todos los países la hicieran suya? Pero no renunciamos a este ideal.

No obstante, lo más difícil ante el ideal cosmopolita es fijarse en él y tratar de afincarlo en nuestro ánimo. Porque el cosmopolitismo se entiende como actitud personal, y por eso requiere dos hechos básicos en el individuo: quererlo e imaginarlo. Es decir, presupone una convicción moral, su elemento clave, y una disposición estética que apoye y estimule lo primero. Querer, pues, que nuestra patria sea el mundo, no una porción particular de él, y hacer el esfuerzo de imaginación correspondiente, que no es poco. El reto está en convertir ambas cosas en una guía de acción y traducir ésta en instituciones.

Antes que nada se presenta la dificultad de que el ideal cosmopolita conquiste nuestro corazón, pues al anteponer el mundo a la patria local sobreponemos el interés de todos al interés del grupo. No todos lo quieren así, ni parecen capaces de semejante concesión. Y está, después, el no menor apuro a la hora de hacer que la idea de ser ciudadanos del mundo capte nuestra imaginación. ¿Cómo representarse el mundo de una manera tan unívoca a la par que estimulante? No hay cosmopolitismo sin cosmopolitas, pero tampoco éstos sin corazón ni imaginación que les hagan mantenerse leales a su pensamiento. La suya es una actitud opuesta, en último término, a la del patriota, que antepone su país al mundo con mucha mayor facilidad moral y estética que lo hace quien piensa al revés. Lo fácil es ser patriota, no cosmopolita. El primero tiene todo el repertorio de la pasión y la ficción políticas a su favor. El segundo dispone sólo de unos conceptos abstractos y de un potencial imaginativo de baja intensidad.

Aunque estos obstáculos no quitan legitimidad al ideal cosmopolita, ni motivos a quién actúa en su favor. Son parecidos a los que existen a la hora de defender principios generales como el "socialismo democrático", el "contrato social" o la "democracia global". Y no por ello son menos defendibles. Más aún, la idea misma de democracia y sus valores habrían sido abandonados al poco de nacer si hubiera valido la objeción de no ser lo suficientemente explícitos y atractivos.

Si la democracia tiene una ética, el cosmopolitismo también. Pero las pocas veces, aún, que se piensa así, no se explica apenas. La idea cosmopolita tiene en Occidente más de dos milenios de antigüedad. Sin embargo, la descripción de su contenido moral está por hacer. Se avanzaron otras morales, otras éticas, no las que ven al ser humano como parte y enseña de la humanidad. Hemos reflexionado sobre el individuo como miembro de una ciudad o del universo, de un país o de la tierra, un grupo o una clase social, como ser social o biológico, pero falta hacerlo como ciudadano de un todo no abstracto. Nuestra posición frente al mundo parece, todavía, importar menos que nuestra pertenencia territorial o identitaria, que nuestra vocación universal o imperial.

Mientras el escritor árabe Ibn-Khaldun, del siglo XIV, se propone destacar la moralidad de los nómadas, habitantes del mundo, frente a la de los moradores, el Occidente cristiano salta, sin escala intermedia, de la moral del Imperio a la de las monarquías nacionales y los pueblos. *L'uomo universale* del Renacimiento europeo se quería universal y patriota, pero no se detuvo en considerarse ciudadano del mundo. Esa idea de la antigüedad se pasó por alto. Hubo que esperar al racionalismo ilustrado, cuyas llamadas a la paz cosmopolita pronto fueron apagadas por el clamor de liberales y románticos hacia la nacionalidad. Y así como en el Renacimiento europeo sólo Montaigne, entre los grandes autores, echa de menos una moral para espíritus no cortesanos y provinciales, Nietzsche, en el apogeo de la Europa de las naciones, es el único filósofo que exige el abandono de la servicialidad patriótica y el volver a tomar en serio el espíritu viajero y cosmopolita en la entraña misma de la cultura.

Ha habido, desde entonces, pensadores cosmopolitas, pero menos un pensamiento cosmopolita. Éste arranca a finales del siglo XX con la globalización económica, aunque centrado inicialmente en la política.[1] Tenemos aún que pensar en una ética cosmopolita y en clave cosmopolita. Peter Singer, filósofo utilitarista, propone una ética basada en el mundo, ya no en las fronteras nacionales, como en un grado u otro dan a suponer la mayoría de pensadores contemporáneos. Predice la llegada de una "única comunidad mundial", para la cual es necesaria dicha ética.[2] Se permite aquí una crítica a John Rawls, otro destacado pensador de las últimas décadas. Rawls aboga por tratar los problemas de la justicia más allá de las fronteras de cada país, pero no recuerda bien –observa Singer– las obligaciones que tenemos con los ciudadanos de otras sociedades, en su idea de que los principios éticos utilitaristas no pueden ser invocados en la relación entre pueblos, ya que ningún pueblo piensa en beneficiar a otros a costa de perjudicarse a sí mismo. Sorprende a Singer este alegato realista en un autor, como Rawls, tan próximo a la metafísica. Por el contrario, la prueba última para saber si un pueblo o un individuo son cosmopolitas sería preguntarles si están de acuerdo o no en ceder una parte de sus bienes a favor de quienes tienen menos. Es decir, si aprobarían una redistribución equitativa de bienes y derechos ajena a las fronteras nacionales.[3]

Lo más cosmopolita que hoy podemos invocar en materia de valores morales es la Declaración Universal de los Derechos Humanos. Pero ésta pertenece a la moral occidental, no está basada en una ética cosmopolita. Sus premisas son europeas y cristianas, esto es, controvertidas para otras culturas.[4] Mucho más aceptable sería una declaración de derechos sobre la creencia básica de que todos, hombres y mujeres, pertenecemos al mundo y hemos de poder movernos libremente en él. No obstante, esto queda lejos aún. La moral cosmopolita es una desconocida para el cosmopolitismo. ¿Qué hace a un carácter "cosmopolita"? Y, sobre todo: ¿cómo derivar obligaciones y derechos a partir de él? El *ethos* cosmopolita es un gran desconocido para sí mismo.

La moral de quien es o se siente ciudadano del mundo se sostiene sobre dos orillas: cómo se ve a sí mismo, cómo percibe al otro. Identidad propia y alteridad. Su corazón latirá más fuerte en estos dos costados que en cualquier otro. Porque el cosmopolita vive de querer saber quién es el otro y quién es uno mismo.

En la relación con uno mismo, la personalidad cosmopolita aparece, en términos generales, como libertaria e individualista. En relación con el otro, se manifiesta, en cambio, igualitaria y sociable. Se trata de cualidades opuestas, pero en su caso complementarias. No se contradicen en la personalidad cosmopolita, porque ella, sin necesidad de cálculo, sabe, por costumbre, tomarles el pulso y, casi por naturaleza, llevada de su vocación, acierta en acogerlas en aquel único espacio donde pueden coincidir en equilibrio. Es el privilegio de tener un corazón cosmopolita, aunque no sea apreciado por la mayoría.

Pero examinémoslo con algún mayor detalle. En cuanto a la relación con uno mismo, alguien que se quiera ciudadano del mundo debe tener, ante todo, confianza en sí mismo. En rigor, no hay grupos ni naciones cosmopolitas. Es un adjetivo que reservamos sólo para los individuos. Cuando nos referimos a una sociedad o una ciudad "cosmopolitas", no podemos dejar de pensar que lo son gracias a sus individuos, pero sólo gracias a aquellos que acreditan semejante título, no a todos.

El perfil cosmopolita es individual y, además, individualista. Cuanto más aparecemos como individuos, liberados de un jefe por encima de nosotros y de otros lazos de servidumbre, más predispuestos estamos a comprender y compartir la condición o la actitud cosmopolitas, porque vemos más claro que el sol sale igual para todo el mundo y que no somos tan desiguales ni distintos.[5] El más duro adversario del cosmopolitismo no es, pues, el patriotismo, sino la servitud, y en cualquier caso el espíritu de conformidad ante un mundo desigual y jerárquico. Es más fácil sacar a alguien del embotamiento hogareño que de esta cárcel voluntaria que es la complacencia cn la inferioridad, de la cual se aprovechan bien el patriotismo y todas las estrategias de control de grupo. El cosmopolita ha de mostrar cualidades personales, no de grupo ni gregarias, las que se necesitan, en cambio, para ser un buen patriota, que prefiere la seguridad compartida, la prez del grupo, aunque sea al precio de renunciar a su individualidad. «La forma más barata de orgullo es la del orgullo nacional», escribió Schopenhauer en los *Parerga*. Pues del mismo modo que algunos cosmopolitas eluden sus compromisos de familia o sociedad con sus declaraciones pro mundo, muchos patriotas excusan cultivar o mejorar sus cualidades individuales con los fáciles alegatos pro patria. Pero lo que es difícil encontrar en los primeros es un complejo de inferioridad, por eso su manera de ser, caracterizada, al contrario, por la seguridad en sí mismos, les evita buscar compensaciones y protección en el grupo familiar o social.[6] Por lo tanto, el cosmopolita no "odia" los sentimientos de comunidad, aquellos que el patriota gusta extremar, sino que empiezan por serle sencillamente ajenos, cosas de otros. No van con él o con ella.

Un ciudadano del mundo tiene que descubrirse, antes, como individuo. Y confiarse a esta condición, al mismo tiempo que al mundo. Para salir a éste, moverse en él y tratar con su diversidad de sensibilidades, a menudo desde el anonimato y no pocas veces de forma insegura, el cosmopolita precisa fuerza y confianza en sí mismo (*self-reliance*). Necesita, nunca mejor dicho, una moral. Hacerse ciudadano del mundo es, así, una manera de individualizarse. Pero si otros lo hacen con la fuga del mundo o el repliegue narcisista, con la creatividad o la rebelión, el cosmopolita avanza en su individualización a través de una apertura al mundo, hecha en solitario y apoyada en esa cualidad individual, básica para él o ella, que es la confianza en uno mismo.

No es verdad que el nomadismo o el espíritu mundano consistan en posiciones precarias y sin rumbo, en el puro vagabundeo. Y así es también el cosmopolita: tiene objetivos, puede incluso que un gran objetivo.[7] Y hasta ser conservador, en la lucha y conquista sobre este objetivo. Más aún: si no tuviera esta meta, y la fuerza que le acerca a ella, no sería cosmopolita. Hay que desmentir siempre que la personalidad abierta al mundo y viajera se mueva sin rumbo. Es justo todo lo contrario: puede hacerlo así, quererse ciudadano del mundo, porque tiene una base en que asentarse. Uno mismo. Y un objetivo: sumergirse en la diversidad, volver a uno mismo. «Lo cierto es que nadie puede vagar sin una base», apunta Bruce Chatwin.

Cómo negarlo. Sin identificaciones, ni identificación con uno mismo, no se va muy lejos. Uno oye enseguida la llamada: «Vuelve a casa». Para lo cual, avanzar en el mundo, no hay que identificarse necesariamente con una patria, una Itaca o Jerusalén a la que retornar. Ni con una religión u otro motivo que trascienda la convicción personal. La "base" a la que alude Chatwin es uno mismo y su pliego de motivaciones para moverse por el mundo. Incluso el paseante vive más de su interior que del exterior, insignificante si no remite a alguna ley propia del sujeto y a sus referentes más personales. También Rousseau pensaba que el andar por el mundo está hecho sólo para gente resuelta y segura, «para poder escuchar las lecciones del error sin dejarse seducir y para contemplar el ejemplo del vicio sin dejarse arrastrar».[8] En cierta manera es lo que conviene en nuestro tiempo al navegante de Internet: si no sabe lo que busca ni para qué, sin éstas y otras guías para valorar todo lo que le sale al paso, se moverá por la red como un bote a la deriva. Pero el internauta, y cualquier cosmopolita del mundo real, tienen que poseer ya una identidad antes de zarpar y siempre ser amos de su destino. Sin el necesario dominio, el navegante se pierde o accidenta por el camino. No solamente ha de saber alejarse de los escollos, sino, como cosmopolita, también de algunas de sus raíces y prejuicios. Esto último es a lo que tiende el patriota, especialmente cuando –por ejemplo, en la guerra o ante el terrorismo– se le prepara a su alrededor un clima de inseguridad e incertidumbre, para que se agarre de la mano de la patria.

Para una moral cosmopolita hay que sacar aún otras fuerzas de uno mismo, además de esta independencia y autoconfianza que se acaban de señalar. Una disposición esencial del carácter es, en este sentido, ser una persona proactiva. La personalidad es proactiva cuando se construye sobre sentimientos positivos y actitudes dinámicas que la hacen ser y sentirse activa en su conducta. Es reactiva, en cambio, cuando se concentra en ideas o hechos ante los cuales experimenta, según la ocasión, entusiasmo o decepción, y por cuyo sentimiento la persona es y se siente menos protagonista, en origen, de su conducta. Los patriotas actúan por reacción. Defienden su hogar, su área, su patria, de un real o supuesto peligro, y generalmente a la contra de un extraño o un competidor. El grado de su sentimiento localista correrá en proporción a cómo perciba estas circunstancias exteriores, aunque también a veces defiende lo suyo a la contra de sí mismo, es decir, de las amenazas que proceden de su interior, no de fuera. Pues el patriotismo puede ser, no pocas veces, una forma de suplir la autonomía de criterio, los apoyos afectivos, y la seguridad, en fin, en uno mismo, que no se tienen y hay que compensarlos. Se suele ser patriota en contestación, por consiguiente, a alguna cosa. El cosmopolita puede tener, también, sus patologías, pero no lo es por reacción, salvo cuando le mueve el antipatriotismo. En este caso se comporta como otro reactivo, no de la forma proactiva que distingue a todos los que se quieren ciudadanos del mundo.[9] Éstos no necesitan un éxito o un fracaso, personales o colectivos, para desarrollar, por reacción, su mentalidad. Viven más de sí mismos, no "en contestación".

Puede pensarse que los patriotas son pesimistas, porque, por ejemplo, sienten poca curiosidad y no viajan, y que los cosmopolitas son optimistas, por curiosos y viajeros. Por lo dicho más arriba, este juicio es, a primera vista, coherente, y hasta corresponde muchas veces a la realidad. La patria, como refugio; el mundo, como campo expansivo. Pero hay ciertos desmentidos que hacer. De una parte, las pasiones pátridas de la nación y el hogar casan mejor con un carácter optimista que con su contrario. Por otra, la frialdad emotiva de sentirse ciudadano del mundo, ya no digamos apátrida, le asemejan a éste a un pesimista, no al tipo opuesto. Es cierto que hay cosmopolitas hechos de optimismo, pero o bien son intelectuales cultivados en la visión *naïf* o idealista del mundo, o bien son los intelectuales de la globalización económica, de un cosmopolitismo igualmente blando y superficial. Lo mismo que también hay, y no pocos, patriotas pesimistas: los que desconfían de los demás y hasta de sí mismos, y sus carencias les hace buscar precisamente el abrigo de la patria. En el otro extremo, demasiado pesimismo nos impide creer en los valores del mundo, devolviéndonos a lo particular, y demasiado optimismo nos hace sentir apretados en el traje de la patria, empujándonos a lo universal. De modo que optimismo y pesimismo se reparten casi por igual entre patriotas y cosmopolitas. Lo que distingue a éstos no es una manera de ver el mundo según el tono emocional, alto o bajo, entusiasta o alicaído, sino según una disposición del carácter menos contingente, más esencial, a la que acabo de llamar personalidad "proactiva".

Proactivo no significa "activista". El activismo produce la acción por la acción; o la acción siempre por delante de sus medios y sus límites, en carrera directa a los fines propuestos, sin importar mucho a qué precio. Hay activistas, hoy, del mundialismo. Y activistas del patriotismo. Pesimismo y optimismo –más el primero que el segundo– estallan, a veces, en parecidas llamadas a la acción válida en sí misma. Y en el activismo se encuentran, entre otros, muchos patriotas y algunos cosmopolitas. No es desconocido por estos últimos. Pero tampoco es el género de comportamiento que los caracteriza. Más que activistas, son proactivos. Y se puede ser esto, tanto si nuestro tono emocional es optimista como si es pesimista. Lo fundamental es el interés por la acción; pero no como huida hacia adelante –activismo–, ni tampoco por resistencia o contestación, las habituales formas reactivas de los idearios nacionalistas y patrióticos. El cosmopolitismo, en contraste con ellos, es proactivo porque no se mueve a la contra, ni por resistencia o "liberación", sino por acción prospectiva. Acción por apuesta, no por respuesta. Posee una visión, y eso es lo que le impide dejarse confundir con el activismo. Marx, para referirnos a un clásico, habla en el *Manifiesto comunista* de un cosmopolitismo de la burguesía, que da a todas las manifestaciones del capital un "sello cosmopolita", y de otro, el del proletariado, llamado a sí mismo "internacionalismo", que responde, en cambio, a un principio de voluntad asociado a un proyecto de futuro, a una visión: «Proletarios de todos los países, uníos». Este segundo es prospectivo, proactivo: es más cosmopolita que el primero, exponente indirecto, tan sólo, de una ley económica, la del beneficio a escala mundial.

La visión prospectiva, la voluntad, incluso el coraje a la hora de resolver la acción –aunque limitado, no el coraje ciego del activista–, son indicadores de esa cualidad moral inherente al cosmopolitismo que es el carácter proactivo. No puede haber, por lo tanto, cosmopolitas contemplativos, aislados y abstraídos en su individualidad, la invitación permanente de una cultura por y para la imagen. Quien sólo goza del mundo como espectador no conoce el mundo. Ni entrar en sus detalles, el actuar como observador, nos pone en contacto con su realidad. Un cosmopolitismo de imágenes se aniquila a sí mismo. Tiene que ser participativo. Ya se ha dicho que ser cosmopolita no es igual a ser optimista, pero sí proactivo. Sentirse movido y estar dispuesto a moverse en positivo, no por reacción o a la contra. Viajar, observar, hacer, son intereses para el cosmopolita, no meras respuestas o efectos de causas ajenas a él o a ella. Por eso un mundo con miedo hace oídos sordos al cosmopolitismo. Justo la opción que se propone ganarle la partida al miedo.

Antes, pues, que creer en esto o lo otro, y que comprometerse con una determinada manera de obrar, el cosmopolita se sostiene sobre una estructura previa que es su carácter moral, independiente y predispuesto a la acción. Autoconfiado, como ya apunté, y proactivo. No obstante, éstas son cualidades del yo en relación consigo mismo. Si ellas bastaran, el cosmopolitismo sería egocéntrico e incluso egoísta. Cuando lo que más le repele es el egoísmo llevado a lo colectivo, desde el tribalismo hasta el culto local en todos sus niveles posibles. Pero un cosmopolita, abierto, por definición, y con gusto, al mundo y a su diversidad, no puede ser, sin contradicción, un individualista de este tipo. Hay que recordar, entonces, que el cosmopolita es alguien que confía en la sociedad, no sólo en sí mismo. Los rasgos del carácter que le hacen ser libre precisan de aquellos otros que le hacen ser igual al resto de individuos. Porque sin una personalidad abierta al otro no puede prosperar el sí mismo cosmopolita, de igual manera que éste es condición para que se desarrolle aquélla.

También, pues, para el sujeto cosmopolita, la apertura al otro completa la relación con el yo. La igualdad hace posible su libertad. Y viceversa, en ambos movimientos, que son de constante ida y venida. En definitiva, lo que vale para todo sujeto, ¿cómo no ha de valer para el cosmopolita? Es, en cierta manera, más sujeto social que otros, por lo menos que el patriota, ya que para él la sociedad es más grande que la patria, y superior, en último término, a ésta. Es alguien que confía en una sociedad sin fronteras.

En el proceso de domesticación, primero, y socialización, después, de la especie humana, son los pobladores cosmopolitas quienes muestran una capacidad de evolución social más adelantada que la de los moradores sedentarios y de cultura localista. Su potencial de combinación entre polos evolutivos como herencia y ambiente, aprendizaje e innovación, seguridad y libertad, es mayor que en el resto de sus congéneres sedentarios y localistas. Así, un cosmopolita posee, a la vez, sentimientos de individuo y de comunidad. Mientras que un patriota sólo tiene uno fundamental: el del hogar familiar. Aquellos dos le son menos conocidos. El del individuo, porque rompe su esquema familiarista. Y el de comunidad, porque el patriota es en parte patriota por sus problemas de relación con el resto de la sociedad. Se refugia, por ello, en el hogar. Y nótese bien: su casa es el hogar paterno, la patria. No es el hogar conyugal, o fraterno, donde hay que aprender a volar solo y a entrar en sociedad.

Todos éstos son los motivos que hacen que los cosmopolitas sean, si no superiores, sí más abiertos y receptivos que otros a las pautas culturales de control sobre los instintos, por ejemplo los que conducen al gregarismo. O al egocentrismo: del yo, esto último, pero también de la tribu, la etnia, el Estado. Un cosmopolita, después de eso, tiene que estar siempre a la altura de los compromisos inherentes a su posición frente al mundo. Y uno de éstos, quizás el principal, es el compromiso por la igualdad. ¿Cómo decirse cosmopolita y no tener interés por la igualdad de los pueblos e individuos, pese a la diversidad de todos ellos? Sería otra cosa –erudito, funcionario internacional, trotamundos–, pero no un cosmopolita.

Aunque el mundo está dividido por culturas, naciones e intereses económicos, está unido inseparablemente por los genes y las emociones. Todos nacemos desnudos y desvalidos, y morimos así, también. Compartimos lo que nos hace llorar y sentir compasión. Y aunque por senderos diversos, buscamos en común la justicia y la felicidad. Lo probable, en fin, es que avance, no que retroceda, el sentimiento de que la especie humana es una sola gran familia y tiene una casa común que cuidar. Cosmópolis no es ninguna patria mítica.

Todas estas cosas son más que razones y valores en abstracto: tienen un peso moral. Hacen verosímil el hecho de que los humanos constituimos una comunidad moral global. Y hacen razonable la creencia de que todos somos iguales en dignidad. Admitidas ambas cosas, como asienten los cosmopolitas, hay que concluir, por coherencia, que la moral cosmopolita es distinta y preferible a la moral patriótica, que antepone la patria a la humanidad.[10]

Es posible que un patriota defienda también que todos somos semejantes. Pero su moral le hace creer, a la vez, y éste es su distintivo, que unos son más semejantes que otros. Los no compatriotas pasan a un segundo término. Sus coterráneos, los *fellow citizens*, van primero. ¿Cómo razonar, entonces, que hay más obligaciones morales acá que allá de la frontera? No obstante, éste es un dilema para el patriota, no para el cosmopolita.

9. EL GUSTO POR LA DIVERSIDAD

El cosmopolitismo es una estética, no sólo una ética. El cosmopolita se apoya en su propia personalidad y en las diversas razones morales por las que piensa y actúa como ciudadano del mundo. Pero no persistiría en su manera de ser si no fuera gracias al apoyo y los estímulos que provienen de su sensibilidad. Los fenómenos de la atracción hacia lo diferente y extraño, de la imaginación de situaciones y entornos más allá del ámbito doméstico, y de la emoción, en fin, por conocer nuevos paisajes, otras gentes, componen la dimensión estética de la personalidad cosmopolita, a menudo pasada por alto o reducida a unos cuantos tópicos por quienes nos preguntamos qué significa ser cosmopolita.

El uso de las metáforas, tan habitual en el lenguaje de y sobre el cosmopolitismo, nos habla por sí mismo de la importancia de la sensibilidad para la manera de ser "abierta al mundo". Ya el propio término "ciudadanía del mundo" es una metáfora: hay que hacer un especial esfuerzo para representarse "ciudadanía" y "mundo", por separado, y otro más para asociar entre sí ambos contenidos. También el nacionalismo se sirve de metáforas para captar y apoyar el interés de patriotas y nacionalistas por algo igualmente tan abstracto –no menos que "mundo" y "ciudadanía"– como es la idea de "nación": "patria", para empezar, pero asimismo "hogar", "raíces", "tierra", "sangre", "alma", "memoria", "destino", "familia", "antepasados", "casa", "árbol", "bandera", "pueblo", y las múltiples combinaciones entre estos mismos conceptos. Sólo los ilustrados, en el siglo XVIII, hablaron de "país". Románticos y nacionalistas, más tarde, no se conformaron con una voz tan llana, tan poco sugestiva y sentimental para movilizar a los patricios, primero, y a las masas, después, a favor de una nueva idea política. Pero ya desde mucho antes, su idea contraria, la cosmopolita, se había servido también de la metáfora para hacerse más esclarecedora y atractiva: "ciudad", "imperio", "mundo", "globo", "universo", "humanidad", "extranjero", "razón", "espíritu", "república de las letras", "sociedad del conocimiento", y, por descontado, la metáfora del "viaje", o del "paseo", si el cosmopolita no podía salir de su ciudad. Pero es evidente que se trata de estéticas distintas. Como sea, "camino" y "mundo", imágenes cosmopolitas, son imposibles de intercambiar por las de "tierra" y "raíces", figuras patrióticas. No hay punto de encuentro entre lo que para unos representa el espejo de su personalidad mundana y para otros el de su personalidad doméstica. También sus estéticas son irreconciliables.

Entiéndase, por lo demás, que la metáfora no desempeña en ninguna de estas opciones un simple papel ilustrativo o retórico. "Babel" y "Jerusalén" son causa, no sólo vehículo expresivo de una elección de apertura al mundo y otra de repliegue patriótico. Con las imágenes se han ido trazando estas alternativas desde un buen principio. Para el caso del nacionalismo, las configuraciones imaginativas, como destaca Benedict Anderson, en torno al censo de ciudadanos, al mapa de fronteras y al museo histórico, han sido determinantes para las respectivas ideas de sociedad, territorio y genealogía "nacionales".[1] Aunque habría que añadir otros artefactos modernos más contundentes: el libro, el cañón y el ferrocarril. Con el imaginario desplegado a su alrededor, no sólo con sus logros fácticos, ellos han contribuido también a la expansión de las ideologías nacionalistas. A principios del siglo XVI, cuando la población europea no superaba los cien millones de habitantes, se imprimieron unos veinte millones de libros en el continente. Un porcentaje creciente de ejemplares sirvió, antes que los periódicos, como el principal medio de difusión de las imágenes y opiniones patrióticas. La lengua y la educación "nacionales" se deben desde muy pronto a ellos. Del mismo modo, el ejército "nacional" estará unido a la fuerza de los cañones, y la idea de una geografía "nacional", desde la capital hasta las fronteras, se irá construyendo, a partir del siglo XIX, con la disposición radial o en estrella de la red ferroviaria. Le siguen después las carreteras, origen del "turismo nacional", que es casi una contradicción en los términos.

El cosmopolitismo, por su parte, dispone de otros artefactos que ayudan, asimismo, a la formación de un imaginario a su favor. El turismo de masas y los viajes profesionales están entre esos recursos, así como la televisión y la poderosa industria audiovisual. Pero Internet es aún más potente para la formación de imágenes y metáforas favorables al cosmopolitismo. En la actualidad una dirección de correo electrónico equivale casi a un pasaporte. Algunas veces desconocemos incluso desde qué país nos escriben, pero es algo que no importa tanto como el mensaje mismo y su firmante.

No obstante, la sensibilidad cosmopolita se nutre de algo más que de nuevas señales y pautas culturales, las múltiples imágenes y metáforas, hoy, de un "mundo global". Puesto que hablamos del cosmopolitismo como de una manera de ser, la sensibilidad cosmopolita se hace sobre todo con la persona y la actividad de algunas de sus facultades sensibles. El propósito de este capítulo es describirlas en sus rasgos más destacados.

Ante todo, la imaginación. Para verse como ciudadano del mundo hay que imaginarse como tal. El cosmopolitismo es imaginación desde su nacimiento en la antigua Grecia. Diógenes y Zenón se imaginaron el mundo ¡como ciudad! Por lo tanto, la representación de imágenes no correspondientes a realidades de hecho es la prueba principal de la sensibilidad cosmopolita.

Porque es aún más difícil imaginarse la "cosmópolis" que la "nación", de suyo ajena al marco de representación política habitual, que suele ser la ciudad. Al barrio o al distrito no hay que imaginárselos, porque los conocemos. Ahora bien, a la ciudad, un "pueblo de pueblos", por así decir, ya hay que empezar a representársela más allá de nuestra percepción. Debemos hacer cierto esfuerzo de imaginación. Algo parecido hacemos con el país. Hay que sumar y restar datos a la vez. Unificarlos y yuxtaponerlos, al mismo tiempo, con otros que ya no provienen de la percepción, sino de deducir y asociar conceptos. De hecho, no todos tienen una idea formada de su país. No es sencillo hacerse una imagen de él. Y tampoco de su ciudad o de la "nación". Es una representación todavía más compleja que las anteriores. Pero por lo menos se apoya en el aprendizaje y la memoria: en el imaginario y la ideología que el nacionalismo se ocupa de transmitir por múltiples vías. «Cada nación es una nación –escribió Herder a finales del siglo XVIII–; tiene un espíritu nacional lo mismo que tiene una lengua.»

La nación se reproduce con el nacionalismo, pero el cosmopolitismo, de modo bien distinto, no es una ideología y apenas cuenta con un repertorio de imágenes a su favor. Es una manera de ser, una mentalidad. No tiene memoria iconográfica de sí mismo, ni dispone de instituciones de transmisión. Quizás no haya, pues, cosmopolitismo, sino cosmopolitas. A Henry Thoreau, según escribe en su *Walden o la vida en los bosques*, lo que más le hacía sentirse ciudadano del mundo era escuchar desde su habitación el lejano silbido del tren, este repentino testigo de la amplitud de la tierra. Cada cosmopolita, pues, con su imaginario. Ocurre algo semejante, como no podía ser menos, con el humanitarismo y todos aquellos idearios que ensalzan la idea de "humanidad". Otra abstracción casi inabarcable, parecida a nuestra idea de cosmópolis, la ciudad o la ciudadanía mundiales, nada menos. Si la nación ya es una enorme abstracción, la ciudad mundial o la humanidad son todo abstracción, la construcción ideal de una extensa comunidad anónima de la que nunca tendremos conocimiento directo. La humanidad es un ideal o un pretexto, pero no nos exalta, ni en realidad nos inquieta. Nunca la hemos visto ni la veremos. Podríamos decir, con Hume: no es peor que perezca la humanidad a que yo sufra el más leve rasguño en mi dedo. Con la ciudad mundial, cosmópolis, nos encontramos ante una idea similar o casi la misma. ¿Cómo acotar su imagen? ¿A qué realidad corresponde o podría hacerlo?

Hay identidades que no necesitan imaginación para ser pensadas: el género, el parentesco, la tribu, la etnia, la raza, la clase social. Están apegadas a nuestra realidad. Pero otras sí la necesitan: la ciudad y la nación, como se acaba de recordar, y desde luego el mundo cosmopolita. Son todas estas comunidades cuanto más grandes más imaginadas. Hay que forjarlas y forzarlas. Pero esta tarea no nos es desconocida. Aprendimos a realizarla desde la infancia a propósito, nada menos, que de la familia. ¿Cómo sabe uno que pertenece a su familia? ¿Cómo sabe cuándo y dónde nació? Poseemos datos y testimonios fehacientes, pero a lo largo de los años han sido reelaborados por nuestra imaginación. Desde luego es difícil imaginarse el mundo y la humanidad, pero no es menos insólito el continuado trabajo de imaginación hasta dar por ciertos y buenos nuestro origen y pertenencia familiares. Es el primer gran acto de imaginación, y no sólo de fe, en nuestra vida.

Ocurre, no obstante, que esa imaginación necesaria para la identidad familiar es inconsciente, mientras que para la identidad política, de la ciudad al mundo, nacionalidad incluida, se requiere un apoyo consciente. La ciudad dispone de sus trayectos y memorias; la nación de sus iconos y tradiciones. Ambas se hacen como "comunidades imaginadas" (Anderson), "tradiciones inventadas" (Hobsbawm), "construcciones sociales" (Habermas), y "edificaciones nacionales" (Gellner), especialmente para la nación. Es fácil y tentador, para algunos, exagerar ahí el carácter de artefacto cultural que tiene toda comunidad.[2] Pensar, por ejemplo, que una nación es creación sólo del nacionalismo, que inventaría naciones allí donde no existen, resulta una idea verosímil y llamativa, pero bastante alejada de la realidad histórica y, sobre todo, de la sociedad actual. Pero la forja de un mundo cosmopolita comparte con la ciudadanía local y la nacionalidad el esfuerzo consciente por imaginar una identidad política que excede, por su tamaño, a nuestra percepción. "Global" viene de "globo", y nadie experimenta el mundo como un globo. Por más que viajamos por ella, la tierra permanece plana a nuestros ojos. Por ello, hecho de imaginación, el cosmopolitismo corre el riesgo, también, de convertirse en una mitología universalizadora como las demás. La ciudad, con sus símbolos locales; la república, con los iconos nacionales; cosmópolis, con sus imágenes y metáforas humanitarias y mundialistas. El peligro mitificador es aún mayor en esta última, porque la imaginación cosmopolita no trabaja sobre los datos de una sociedad limitada en número, extensión territorial, soberanía y condiciones de existencia, sino omnicomprensiva y para la que no hay espacios.

El patriota tiene que acercar en su imaginación grandes distancias, y climas y culturas distintos entre sí, por ejemplo, las diferencias que hay entre Córcega y el Canal de la Mancha, para hacerse una idea sentimental de Francia como su patria. Mucho más que eso, el cosmopolita pasa de Córcega a Nueva York de un solo salto. En cuanto a acortar distancias y reducir contrastes, se atreve a todo. El patriotismo exige un conocimiento concreto y un control de la distancia. El cosmopolita, en cambio, juega con ella como si fuera una cinta elástica. Lo global es lo distante cercano, y viceversa. Pero nunca está localizado, ni allá ni acá: oscila en la distancia. Un patriota no se presta a este juego. No tiene una visión tan imaginativa del espacio y de la relación entre las identidades que lo habitan. No obstante, el cosmopolitismo se funda en esta libre imaginación del mundo. Necesita imaginárselo al fin como un globo, es decir, como una serie de lugares y experiencias interconectados y sin ningún centro al que todos miren. Éste es el mapa cosmopolita, a diferencia del regional o "nacional", que en la imaginación es plano y limitado. Iconos, proverbios, narraciones: todas las imágenes cosmopolitas se formarán "a la redonda". Nos recuerdan que el mundo es uno y se cierra sobre sí mismo como un globo, sin fronteras ni lugares que no se puedan de algún modo relacionar entre sí, aunque nunca acaben por estar localizados.

Pero la imaginación cosmopolita tiene su cara oculta. No se puede pensar en un cosmopolita sin imaginarlo como un sujeto desplazado y feliz, además, con este desplazamiento (*displacement*). Hemos puesto en cuestión nuestro lugar, la plaza que otros ocupan y conservan satisfechos, y lejos de lamentar esta pérdida, la celebramos. Del mismo modo, pues, que la imaginación cosmopolita es positiva y unificante, ya que tiene que concebir el mundo de forma constante, es también una imaginación diferenciadora y negativa: hemos de pensar el mundo, sí, pero con nosotros en él siempre en permanente condición de desplazados. No puede apropiarse del mundo que imagina. Rechaza establecer un lugar de dominio o de reposo en él. Si no se quiere monolitismo de patria, tampoco de mundo. Queremos un mundo uno y global, único e igual para todos, pero cada uno en libre y continuado tránsito por él. El cosmopolita no se identifica con el lugar. Valora, mejor, su condición de desplazado. Si buscásemos emplazarnos allí, la unidad y diversidad del marco global quedarían fuera de nuestro alcance. No constituirían una experiencia, sino sólo una idea, y probablemente dogmática, de la cosmópolis una, aunque diversa.

Toda identidad territorial es difícil de imaginar, pero también la extraterritorial. No es fácil imaginarse "ciudadano", "nacional", pero tampoco pensarse como "extranjero", "viajero" o "cosmopolita". En este caso hay que poner en funcionamiento una imaginación de unidad y estabilizadora, para poder pensar el mundo, pero también otra, de cariz contrario, con carácter disgregador y desestabilizante, para pensarnos justamente como ciudadanos cosmopolitas, extraterritoriales, en este mundo uno y circular imaginado. La primera suma, la segunda resta. Aquélla hace cosmópolis. Ésta impide la cosmolatría. Recuerda la independencia del cosmopolita en el mundo. El que sale a ver mundo y a aprender de él, tiene que dirigir su imaginación en estos dos sentidos opuestos. Lo recordaba a su modo Rousseau en la quinta *promenade* o paseo de sus *Ensoñaciones del paseante solitario*: que el paseante necesita paz en su corazón, sólo así captará la unidad y armonía del paisaje, pero también vivacidad de reflexión, para apreciar las ventajas del desplazamiento por el medio. Sin *rêverie*, o un cierto "ensueño" necesario para resistir toda identificación territorial, no hay sentido de paseo, aunque nos encontremos ante el mejor panorama. También hoy insistimos: el sujeto cosmopolita se hace a la vez con su identidad de desplazado, con este mismo espíritu sin plaza fija, en constante movimiento.

Por otra parte, en la estética cosmopolita tiene otra función clave el sentimiento. No basta con imaginarse el mundo, hay que sentirlo y valorarlo como tal. La sensibilidad cosmopolita se inicia con actividades mentales de representación y continúa, pues, con las de naturaleza emocional. El reproche de que es fría y sin compensaciones personales de orden afectivo carece de fundamento. Los sentimientos cosmopolitas no son pasionales como los patrióticos y nacionalistas, pero son también sentimientos.

El cosmopolitismo no es, en este sentido, un ideal para desarraigados o gente con vocación solitaria. Compensa en lo emocional y, antes que eso, se nutre en buena parte de ello. Sentimos una atracción hacia las ideas y los ideales cosmopolitas porque éstos, a través de experiencias, pensamientos, o simples imágenes, nos provocan también sentimientos y despiertan actitudes que nos compensan personalmente. De otro modo, el cosmopolitismo sería sólo una concepción filosófica y se limitaría a lo teórico. Es evidente, en cambio, que es compartido por muchos como una mentalidad ampliada y una manera de ser que implican el contacto con los otros y una forma positiva de interactuar con ellos.

El globalismo neoliberal, la ideología hoy conducente de los procesos de globalización, nos hace ver que tiene su propio sentimiento cosmopolita: la preocupación o, menos que eso, la emoción de lástima frente al dolor ajeno. Se supone que si uno siente o se conmueve por el dolor de víctimas lejanas ya posee un grado notable de cosmopolitismo. Se hace también global en sus sentimientos. Ésa es la ideología que alienta hoy al humanitarismo, una mentalidad humanista, a veces filantrópica, pero casi siempre superficial, incomprometida, que hace que nos apuntemos enseguida a las causas humanitarias por simple reacción emocional ante las imágenes del dolor ajeno, no por sentimientos más profundos de compasión, o por convicciones morales y políticas, o por un principio de solidaridad.[3] El humanitarismo, desarrollado en estos términos, es un sentimiento social insuficiente y negativo para una acción verdaderamente global o mundialista.

La sensibilidad cosmopolita es, en contraste, mucho más resistente a los cambios de tensión emocional producidos con el impacto de noticias e imágenes sobre el dolor ajeno, de los que se sirve el neoliberalismo para tranquilizar nuestras conciencias y hacernos sentir humanitarios, "solidarios". Ser cosmopolita supone y demanda un sentimiento de mundo y, a su vez, de comunidad mundial que incluso son contrarios al neoliberalismo, individualista de por sí, y al género de emociones que éste moviliza. El sentimiento cosmopolita representa sentirse movido por toda la realidad humana, sin diferencia de culturas y fronteras, no sólo por una parte de ella, aquella que muestra unas determinadas heridas, generalmente las del infortunio catastrófico. Es un sentimiento que fluye al mismo tiempo que el interés y la capacidad para aprehender y valorar la diversidad de costumbres y creencias en el mundo. No todos pueden ni deben mostrar esta disposición, pero los cosmopolitas sí, es lo que les distingue del resto. Y, además, tienen que saber administrar este sentimiento paralelo a su apertura al mundo, sin sobrevalorar lo ajeno ni subestimar lo propio. El cosmopolitismo es, pues, un hecho del corazón, entrelazado con un orden de ideas y manifestado a través de actitudes y actos que comprometen a la persona, desde lo familiar hasta lo político, terreno éste en el que hay que poseer la esperanza —otro sentimiento— de que algún día se alcanzará un orden político mundial. La temperatura de este corazón cosmopolita no es tan alta como la del sentimiento patriótico, pero su calor llega más lejos y es menos variable. Para anteponer el mundo a la patria, el interés de todos al de sólo los nuestros, hace falta generosidad, no exactamente pasión. Un cosmopolita sin sentimientos no existe ni es concebible.

Pero al igual que en la imaginación, el sentimiento cosmopolita tiene su parte oculta. No es todo apertura e implicación. También representa lo contrario: sentirse y quererse desligados, separados (*detachment*) del objeto con que nos identificamos. Se conserva, así, nuestra independencia y, a la vez, se mantiene una cierta condición de vacío para continuar disponibles frente a lo nuevo. Por definición, no hay cosmopolita sin sentimiento, pero por definición, también, éste no puede ser colmado. Es un sentimiento ambivalente. Hemos de sentirnos atraídos hacia lo extraño, pero, al mismo tiempo, sin que ello signifique negarlo, sentir alguna indiferencia hacia él. Al fin y al cabo, el sentimiento patriótico hace algo parecido: incluye amor a lo conocido y, por otra parte, desafección, cuando no rechazo, frente a lo desconocido.

En el caso del cosmopolitismo, esta contraparte emocional es el distanciamiento respecto de los objetos con los que mantenemos, en principio, una lealtad cosmopolita. Una de las características reconocidas de quien se muestra crítico con el patriotismo, o contrario a él, es precisamente este saber mantener a distancia la suma de los recuerdos y lealtades que nos acompañan durante toda la vida. La distancia es un sentimiento que da poder, justo aquello que le sirve al cosmopolita para no ser patriota, pero también lo que le mantiene en la necesaria perspectiva para valorar el mundo y su diversidad, el todo de la vida y sus partes. Sin esta mirada distante es imposible que el cosmopolita capte de forma aislada las diferencias y, simultáneamente, sepa contrastarlas entre sí. Bruce Chatwin escribe que su impulso por viajar tiene este componente racional que le permite no seguir atado a los objetos, viejos o nuevos en la memoria, que no le dejarían caminar muy lejos.[4] Como todos los dandis, poseía una estética de la distancia, y probablemente por ello aducía más razones para ser nómada que para ser ciudadano fijo en plaza. El *"pathos* de la distancia", ahora en expresión de Nietzsche, otro cosmopolita, es un sentimiento que debe acompañar, pues, y a la manera de contrapunto, a la emoción de sentirnos implicados en el mundo y de poner los intereses globales por encima de los locales. De este modo habrá experiencia cosmopolita, y no de nuevo un sentimiento de identificación que anula al sujeto en beneficio del objeto –en este caso, el mundo–, como ya se da por descontado en el fervor patriótico o nacionalista.

El sentimiento cosmopolita funciona en un doble sentido. El inicial y más aparente es el sentimiento de que el mundo continúa más allá del hogar, la patria, la religión comunitaria. Por su propia inercia es acumulativo y busca la ampliación de su radio, hasta hacernos sentir miembros de una comunidad mundial. Pero contra este movimiento tiene lugar otro de signo contrario, el distanciamiento, que es sustractivo, pero que actúa a la manera de límite y complemento del anterior. Si el primero crea o potencia afectos, el segundo, a la inversa, se desarrolla puliendo emociones intensas o eliminándolas, para poder dar paso a la percepción y goce de nuevas experiencias. Es un sentimiento, por así decir, revertido, pero compuesto de emociones auténticas: el desaprendizaje, vaciado y depuración propios de un espíritu abierto y que únicamente éste goza. Si el cosmopolita sólo viviera, en el orden de las emociones, de aquéllas acumulativas y edificantes, en su caso las que le hacen sentirse pertenecer al mundo, más allá del paisaje familiar, su sentimiento básico sería en gran modo de la misma clase que las emociones patrióticas. Sólo tendría con ellas una diferencia en cuanto al tamaño de su objeto –el mundo, una patria más extensa–, no en relación con su naturaleza e intensidad. La misma gratificación narcisista que da el orgullo nacional y la seguridad en el "nosotros"

tribal o patriótico puede llegar a darla por su parte la idea cla-
rividente de mundo o la adhesión a causas filantrópicas o
veladamente imperialistas con pretextos cosmopolitas. Son
formas de sentirse de parte de la superioridad.

Por ello, más característico aún del cosmopolitismo que el
sentimiento de pertenencia a un "nosotros" mundial, el más
amplio y diversificado posible, es el hecho de vaciarse de éste
y cualquier otro sentimiento de identificación territorial. Hay
que acostumbrarse, así, a las emociones del distanciamiento, a
la estética de la deconstrucción sentimental, que es la condición que impide hacer del cosmopolita un nuevo patriota o un
patriota disimulado. Desde un punto de vista cosmopolita,
siempre hemos de mantener una visión autodistanciada del
grupo. La imparcialidad y cierta indiferencia nos ayudan a ver
el todo y a saber apreciar sus diferencias, sin necesidad de pensar que hay lugares o culturas superiores a otros. Al fin y al
cabo, siempre que la mente humana tiene que acostumbrarse a
novedades liberadoras recurre de un modo u otro a la estética
del *detachment* sobre los lazos inútiles con el pasado o la tradición más opresivos. Las concepciones del mundo tras Copér-
nico, Darwin o Freud, por ejemplo, han requerido echar por la
borda mucho lastre egocentrista de nuestra sensibilidad y
hacer que ésta se vea purgada de contenidos viejos para poder
asimilar los nuevos. Recordar que no hemos de estar apegados
a nuestros hábitos de vida y modos de pensar es también una
tarea necesaria al mismo tiempo que abogamos, como cosmopolitas, por una vecindad planetaria por encima de las fronteras. Eso requiere una estética depurativa. Pasar, en nuestro
caso, de mirar a la humanidad desde dentro, y hacia dentro, a
hacerlo desde fuera, desapegados de sus límites actuales, para
observarla en camino de su último nivel social evolutivo, el
cosmopolita.[5]

Del patriotismo al cosmopolitismo hay una diferencia de

grado y, en particular, para la persona, de esfuerzo. Precisa un último esfuerzo, como se ha visto antes, de la imaginación, para pasar de lo grande a algo mayor aún, el mundo; también del sentimiento, para ver al otro como prójimo. Y del conocimiento, finalmente, para no conformarse con lo conocido y familiar. Este último esfuerzo es la curiosidad, otra forma activa de la sensibilidad cosmopolita. Dice Nietzsche, en *El viajero y su sombra*, que se ha olvidado decir a los turistas que hay hermosas perspectivas por el camino. Y sigue siendo así: puede que vayan a conocer y disfrutar de nuevos paisajes, pero después de una oferta de viaje. ¿Cuántos de ellos se mueven por curiosidad? Otros, el mercado, eligen el destino por ellos y les apremian para que no se distraigan ahí, ni durante el recorrido. Justo lo que un cosmopolita no soportaría. Él o ella no son simples viajeros, sino personas especiales que viajan. A diferencia del turista y del migrante, el viaje ni es el fin ni es el medio: vive en el proyecto, antes que en su realización. El viaje, después, no supone, por consumación, acabar con el proyecto, sino transformarlo en otros. El proyecto cosmopolita es permanente: puede flaquear la imaginación, enfriarse el sentimiento, pero la curiosidad por saber del mundo, y una cierta manía por lo nuevo, por iniciar caminos, hace que siempre existan los motivos básicos para seguir queriéndose ciudadano del mundo.

El cosmopolitismo, como el patriotismo, tiene o cree tener sus puntos fuertes, que le sirven para hacer frente a otros planteamientos de la identidad política y personal. Son los mitos, ideas que se visualizan y tienen el poder de generar conductas sin pasar por la lógica y la discusión. Los mitos patrióticos tratan de evocar ejemplos de unidad por asimilación de las partes. La patria es un *melting pot*, lo uno en lo diverso que avanza fundiéndose en el todo, genial potaje en un único puchero. Este mito es su fuerza. Como en el cosmopolitismo, que prodiga esquemas en los que el mundo es un todo armónico sin menoscabo de las partes, a modo de una bonita ensalada. En lugar del *salad bowl* puede hablarse del mundo cosmopolita en términos, mejor, de *patchwork*, "mosaico policromo", o con imágenes parecidas. García Canclini ve expandirse hoy la estética de un "continuo mestizo" en el mundo, y no se puede negar que sobre imágenes similares, con referencia cultural al hecho físico del mestizaje, buscan su aceptación multitud de mensajes cosmopolitas.[6] Ahora bien, a la hora de difundirse a través de mitos, o cuando menos mediante metáforas e imágenes distintivas, el patriotismo tiene las de ganar frente al cosmopolitismo, que no cuenta con los recursos de la emoción colectiva y, sobre todo, de la memoria histórica, verídica o falseada, que disponen sus adversarios. Los "lugares de la memoria", en expresión de Pierre Nora, y que sirven a patriotas y nacionalistas –enclaves históricos, centros monumentales, museos, etc.–, no existen todavía para los cosmopolitas. Todas las dificultades que éstos tienen para ganarse al público con el sentimiento y la memoria, incluso con la imaginación, han de ser suplidas mediante el estímulo de la curiosidad, el instinto motriz del conocimiento.

Tenga o no memorias, sentimientos o imágenes a su disposición, el cosmopolita puede y debe hacerse fuerte, a la inversa del patriota, en la atención y el interés por descubrir lo nuevo, es decir, en la curiosidad, su real punto fuerte. Un patriota curioso, deseoso de conocer la diferencia, lo diverso dentro y fuera de su país, será tenido, con razón, por un mal patriota, pues lo más probable es que acabe por reconocer que más allá de los límites de su patria también hay gente interesante que conocer y por la que quizás vale la pena moverse. Cuando algunos consideran que el cosmopolitismo es sólo un sueño de intelectuales, porque no es capaz de generar, como hace, en cambio, el nacionalismo, una lealtad hacia esta entidad inabarcable que es el mundo, o cuando otros creen que presenta un obstáculo aún mayor, su abstracción y lejanía de lo particular, que lo aleja de muchos intelectuales, conviene recordar que su proyección hacia lo global proviene, paso tras paso, de su constante disponibilidad hacia las particularidades de la vida y la diversidad de todo lo real.[7] El cosmopolita está preparado y listo para lo concreto, como prueba el hecho exclusivo, que no muestra el patriota, de hacer su propia vida aun en medio de otras culturas.

El ideal cosmopolita es abstracto, pero la ética, la estética y el tipo de personalidad humana que lo promueven son todo menos especulativos o abstractos también. Se hacen con una permanente actitud de observación, escucha y reflexión crítica, de apertura a la vida, que no suelen caracterizar, por el contrario, a los patriotas. El cosmopolita no es, precisamente, el personaje ideal que solicitaba Pascal, quien escribió que «toda la desgracia de los hombres viene de una sola cosa, que es no saber estar en reposo en una habitación» (*Pensamientos*, La Pléiade, nº 205). Aborrece este matemático y pensador al hombre que no se soporta a sí mismo y sólo se siente feliz, es decir, "distraído", fuera de casa, lo que le acaba alejando más aún de su casa. Pascal no es filósofo para cosmopolitas, sino, mejor, Montaigne, otro francés en las cercanías del *Grand Siècle*. El autor de los *Ensayos* y primer gran cultivador de este género en Europa, celebra, en cambio, que el hombre culto y escéptico, no fanático, sea por naturaleza curioso y ninguna costumbre extranjera le ofenda. No es más escandaloso –apunta en la sección «De los viajes»– ver a un indígena comiéndose el cuerpo de un difunto que observar a un conciudadano persiguiendo a otro vivo para hacerle daño.

Pero la curiosidad cosmopolita, lo mismo, antes, que la

imaginación y el sentimiento, tiene su propia contrapartida interior: el descentramiento (*de-centering*). El deseo de comprender lo diverso exige un descentramiento constante respecto de uno mismo, del sujeto de la comprensión. El cosmopolita no puede ser menos, también, que una personalidad ex-céntrica, alguien dispuesto a verse a sí mismo no sólo como igual, sino como diferente, y a actuar como tal. Estar dispuesto al cambio, cambiar y volver a hacerlo. Nada mejor para ello que hacerse un paseante anónimo en la ciudad, o un viajero entre pueblos extraños, es decir, que encontrarse, objetiva y anímicamente a la vez, fuera del centro propio y familiar. ¿Qué gana el viajero al elegirse fuera de sí mismo y de su domicilio? Sentirse en casa en todas partes y continuar siendo uno mismo. Un yo insaciable de "no yo" sigue siendo un yo, aunque fugitivo.

La curiosidad cosmopolita, cuyo primer intelectual moderno es Baudelaire, poeta maldito y dandi, no se limita, pues, a la "experiencia de la diversidad en la ciudad", a cazar instantes de eternidad, deambulando, como este poeta *flâneur*, paseante, por las calles de París. O por sus pasajes cubiertos, como hará un siglo más tarde el filósofo Walter Benjamin.[8] La curiosidad cosmopolita curiosea, antes, consigo misma. Esta experiencia interior, previa a la exterior, es lo que explica la apertura mundana a lo nuevo y la familiaridad con lo diferente. En ella interviene la inclinación del sujeto al asombro, de un lado, y a la confianza, del otro. La primera le hace desear espacios de lo imprevisto, novedades; la segunda, reflexionar sobre ellos y abordar seguidamente otros. Ambas inclinaciones dan origen a la curiosidad cosmopolita, como a otras tantas orientaciones de la misma experiencia de fondo. Por lo tanto, poca imaginación o escaso sentimiento pueden ser una enfermedad para el cosmopolita, pero no ser curioso representa su muerte: mueren los sentidos y lo que

ellos ven, pero sobre todo la fuerza que los mantenía abiertos. La curiosidad es para el mismo Baudelaire el punto de
partida que hace del artista moderno un cosmopolita, en sus
palabras un "ciudadano espiritual del universo".[9] Y viceversa, casi: hace del hombre de mundo un artista. La curiosidad
devuelve el espíritu creativo a la infancia, cuando asombro y
confianza, a la vez, nos hacen ver todo, y sin temor, como
novedad. Pero al mismo tiempo lo hace más adulto, al límite
de la madurez, porque le evita, con su inherente lejanía intelectual, la creación entusiasta y pasional que lo apartaría del
mundo y del control de sí mismo. Artista y ciudadano del
mundo se funden, así, en el dandi, el héroe de la elegancia no
convencional, que pasea su pasión como una profesión, es
decir, observando con terquedad alrededor y a su interior.
Está fuera de casa, pero en el centro del mundo; camina en el
anonimato, sea en el cercano bulevar o el lejano extranjero,
pero disfruta por doquier de su incógnito. Sin la fuerza de la
curiosidad no conocería los placeres aristocráticos del descentramiento.

El cosmopolitismo es una convicción moral, pero depende
en gran medida de la sensibilidad: imaginación, sentimiento,
curiosidad. Es cierto que lo estético, a diferencia de lo ético,
no puede ser mandado. Podemos decir: «Actúa teniendo en
cuenta a todos los países, no sólo al tuyo. Actúa como cosmopolita». Pero no le podemos exigir a nadie que tenga la curiosidad, las emociones, la capacidad de imaginar que no tiene.
No podemos decirle: «Siente como un cosmopolita». ¿Echa
eso por tierra lo apuntado hasta aquí sobre el lado estético de
la personalidad cosmopolita? Creo que no. Aunque sentir el
mundo y su diversidad no pueda constituir un imperativo, el
mundo, como mundo, y el respeto expreso a su diversidad,
sólo avanzan cuando, además de una convicción moral, se
tiene una sensibilidad cosmopolita que sirve, por lo menos,

de apoyo y estímulo. Lo cual no es poco. Y es mucho, si se piensa en cómo se contraen, generalmente, las convicciones cosmopolitas. Ya que, de hecho, se puede pasar de tener una ética cosmopolita a sentir una estética de este signo, pero aún es más probable pasar de ésta a aquélla, es decir, de la sensibilidad a la moral cosmopolita, que en cierta manera uno ya tiene que llevar dentro para poder experimentar la primera. Hágase la prueba: ¿cuánto tiempo pueden resistirse los olores, sabores y las costumbres extraños sin estar predispuestos a ellos? Si uno siente el placer de encontrarse bien fuera de casa, ante rostros y sensaciones desconocidos, que desagradarían incluso a otros, lo más fácil es que se adquiera, a la vez, la virtud de pensar siempre en los de fuera de casa, y no sólo en los propios. Para el cosmopolita la diversidad no es un problema. Es un hecho, y un hecho que celebrar. Además, y a diferencia del simple viajero, se celebra que todos somos, en el fondo, iguales. Al gusto por la diversidad se le junta al cosmopolita su interés por la igualdad. En parte, éste es causa del primero, o por lo menos un gran estímulo para gozar de los contrastes, en la seguridad de que al fin y al cabo todos somos una misma gran familia con mil historias distintas.

En 1738 se definía en Francia como *cosmopolite* a "aquel que se mueve confortablemente en la diversidad". Es claro que se trata de una definición estética. Viene a decir que cosmopolita es quien se inclina y siente gusto por lo que, sin embargo, no le es familiar: lo extraño, o simplemente extranjero. Pero a pesar de ceñirse a este aspecto, nos da casi la definición de ciudadano, especialmente para un tiempo como el nuestro, de globalidad y diversidad afirmándose al mismo tiempo. El sociólogo Richard Sennet añade, por su parte, que esta definición describe al "perfecto hombre público".[10] Un idiota, alguien recluido en su mundo privado, es incapaz de hallarle el más mínimo agrado al contacto con todo lo ajeno a su limitado escondrijo. Pero un ciudadano del mundo tiene que situarse en el otro extremo y poder sentirse confortable en el espacio público heterogéneo. Y digo el "espacio público", no la "pantalla pública", que desde la televisión y los nuevos medios de información se ocupa de difundirnos una visión distorsionada del cosmopolitismo como espectáculo, con imágenes entre risueñas y terroríficas, virtuales hasta el descaro o cruelmente realistas, pero casi siempre invitándonos a permanecer, mejor, en el sillón de casa.[11]

Escribió el político liberal Giuseppe Mazzini, en su obra *De los deberes del hombre*, que las naciones subsistirán porque "el individuo es demasiado débil y la humanidad demasiado grande". Pero dichas razones son las que nos deberían orientar hacia soluciones cosmopolitas. A éstas hay que apoyarlas, porque representan una búsqueda de entendimiento entre individuos y entre naciones, limitados de por sí, frente a un vasto mundo policromático con crecientes demandas globales.

10. EL HORROR AL DOMICILIO

El viaje, viajar, tener vocación de viajero son una metáfora de muchas cosas. Aunque no todos se sienten viajeros, a muy pocos les desagrada viajar, sobre todo si se trata de confortables salidas y no muy prolongadas. Pero cada uno vive el viaje a su manera, según lo que transporta en su cabeza y sus muchas o pocas ganas de desplazarse. Descontado eso, quienes se sienten viajeros valoran también de modo muy distinto el significado de sus viajes y del viajar en sí mismo.

El viaje es una metáfora de muchas cosas, incluso de la muerte, pero, en una palabra, lo es de la vida en general. «Aquel que no viaja, no conoce el valor de los hombres», escribió en el siglo XIV Ibn-Batuta, viajero de Tánger a China. La vida es movimiento, lo puro inerte está muerto, y todas las imágenes y narraciones de la vida, en todos los pueblos, incluyen de un modo u otro el desplazamiento, o cuando menos, el pasar de un estado del alma a otro. Incluyen lo que resumimos con el hecho y la metáfora del viaje. Lo cual es el resumen y la señal, también, de la vida cosmopolita. Cuando quiere poner su corazón al desnudo, el poeta Baudelaire se siente preso de la nueva enfermedad que afecta al artista moderno, extranjero en su propia ciudad: el *horreur du domicile*.[1]

Hay, sin embargo, muchas clases de viajeros. Por lo menos existen dos grandes clases de ellos. En la primera, el desplazado es un visitante: lo que importa es el término del viaje, no el viaje en sí mismo. A esta clase de viajeros les interesa el destino y objetivo de su traslado, así como las condiciones de llegada al lugar, su meta. Con todas estas características, el viajero lo es por una situación. Agotada ésta, desaparece su estado de persona que viaja y que lo hace para cubrir un objetivo específico. Ahora bien, este destino interesa, de hecho, de maneras harto distintas. Así, entre los visitantes de un lugar podemos describir dos grupos muy señalados. Uno es el de los viajeros electivos, aquellos que han escogido libremente su meta: turistas y vacacionistas, misioneros y peregrinos, ocupantes y agentes coloniales, comerciantes y ejecutivos, políticos y gente de la cultura en general. En el otro grupo, el de viajeros no electivos, o prácticamente forzados a desplazarse, se incluyen: emigrantes y proletarios, desterrados y proscritos, refugiados y toda clase de personas en el exilio. No viajan para "explorar", como puede permitirse, en cambio, el primer grupo.

Pero para todos ellos, a pesar de sus motivos tan diferentes para desplazarse, el viaje se limita a una situación de la vida, un hecho temporal condicionado por un término en el espacio, el lugar de llegada. De una manera u otra, el viajero será tomado por "visitante" en este lugar que le determina más que el tiempo, el motivo y las circunstancias previas al viaje, ya abolido con la llegada. Por fin ya no es viajero. Quienes, en contraste, no dejan de serlo son los viajeros como transeúntes. Más que el destino, cuenta para ellos el trayecto mismo, el hecho de caminar, sea con un itinerario marcado o en un recorrido sin rumbo. Estos viajeros no lo son por "situación", como los anteriores, sino que ser viajeros es para ellos una condición. El viaje les determina más que su destino. Casi nunca son, ni quieren ser, visitantes. Su característica es pasar. Pero ahí encontramos otros dos grupos paralelos a los anteriores: quienes pasan por gusto, es decir, otros viajeros electivos, y los que erran forzados. Entre estos últimos se hallan muchos nómadas y trashumantes, deportados y perseguidos, vagabundos y cautivos por las más diversas causas. Entre aquéllos identificamos a trotamundos y aventureros, antropólogos y expedicionarios, fotógrafos y corresponsales, excursionistas acomodados y jóvenes en busca de sí mismos, caballeros andantes y sombríos mercenarios, literatos y artistas de vocación ambulante, y paseantes o andariegos, en general, que aunque no salgan de su ciudad, conocen y recrean todos sus posibles caminos. En Occidente los antepasados de este grupo de viajeros "transeúntes" son los cruzados y, más tarde, los émulos románticos de Goethe y lord Byron. Hoy el viaje es para todos ellos de tipo introspectivo más que exploratorio: quieren conocer a otros, pero sobre todo a sí mismos. Buscan un cambio interior que no hallan en su hogar ni creen poder hallarlo. La vida es movimiento y esperan cambiar al ritmo de su caminar imparable.

Para este último grupo de viajeros, el de libres transeúntes, es importante tener una actitud cosmopolita. Lo más probable es que pertenezcan a dicho grupo por ser, precisamente, cosmopolitas. No se requiere esta personalidad para desplazarse en las condiciones de los otros grupos. Menos aún cuando se viaja, por una u otra causa, a la fuerza. Con todo, tener rasgos y aptitudes cosmopolitas puede paliar las adversas circunstancias de los viajes no buscados. En cualquier caso, la curiosidad, la apertura, la disposición al intercambio y el aprendizaje, entre otras formas del carácter cosmopolita, acentúan el placer y el aprovechamiento de los viajes y del primer contacto con el lugar de destino.

La especie humana se ha hecho, a la vez, con el asentamiento en el lugar y los desplazamientos. La domesticación estuvo protagonizada por poblaciones estables en un territorio, pero también por grupos que gracias a estos asentamientos junto al fuego podían avanzar poco a poco más lejos, en

busca de parejas, recursos y otras tierras.[2] Y seguimos prepa-
rados todavía para ambas formas de vida, la de los moradores y los transeúntes. No son fases sucesivas ni alternativas.
Se oponen, pero coexisten. Por ello la adquisición de hábitos,
articulaciones básicas, como las creencias o "valores", para
cualquier civilización, no presupone un modo de habitar
local y permanente, una forma de vida que excluya la movilidad. Todo es hábitat para el que busca civilizarse. Lo es la
habitación, el hogar, pero también el refugio en el camino, y
el páramo desnudo, si estamos dispuestos a desplegar vida y
memorias en él. Así hizo el *Homo sapiens* al expandirse por
el planeta entre 100.000 y 12.000 años atrás. Hábitos no sólo
es lo que se tiene por estar en un lugar, sino lo que se es al
margen de éste, y que nos hace, por ejemplo, querer estar en
otro sitio, o en ninguno, y adaptarnos, en todo caso, a cualquiera de las dos opciones. La propia historia de la cultura
humana hace patente esta doble raíz, nómada y sedentaria,
de las instituciones básicas. De pueblos nómadas surgen, por
ejemplo, el judaísmo, el islam, la astronomía, la literatura
oral. De poblaciones estables, como el antiguo Egipto, o la
Atenas clásica, hemos heredado las organizaciones políticas,
la ciudadanía, el arte mural. Grupos en desplazamiento fueron la cultura mongol, los universitarios de la Europa medie-
val, los mercaderes de la república veneciana. De comunidades apegadas al territorio nacieron, en cambio, el imperio
azteca, la sociedad feudal, o las grandes colonias fabriles en
las cuencas de los ríos europeos. Hay estructuras de la moral
y del conocimiento que tienen su origen en los campamentos
del desierto; otras, en los hogares y plazas de ciudades entre
murallas. Y todo sumado da la civilización humana hasta
hoy. ¿Cómo afirmar que los resultados de nuestra naturaleza
estática son superiores a los de nuestra constitución, igualmente, movediza, y viceversa? La religión bíblica, valga otro

ejemplo, empezó asociada a la experiencia del éxodo; se asienta, después, con la del reino, y finalmente sobrevive en el corazón de generaciones enteras que ansían volver a su tierra. ¿Es una religión de nómadas o de pobladores?

Esta doble extracción de la cultura humana, articulada a la vez sobre hábitos estables y dinámicos, tiene uno de sus primeros analistas en el tunecino Ibn-Khaldún, autor, a finales del siglo XIV –el mismo de Ibn-Batuta, el ya citado viajero tangerino–, del *Discurso sobre la historia universal*, una amplia y profunda obra de sociología centrada en la civilización árabe. Ésta, la *umrân*, se basa, a decir de Ibn-Khaldún, en la cohabitación de dos géneros naturales de vida. El primero en aparecer fue el manifestado con la civilización beduina (*badawî*), integrada por gentes del desierto dedicadas al pastoreo y al nomadismo como forma de supervivencia. De hecho, "árabe" significa "nómada". El otro tipo de vida corresponde, más tarde, a la civilización sedentaria (*hadarî*), propia de grupos estables en el campo o de habitantes en ciudades, cuya actividad es la artesanía y el comercio. Ya no viven en tiendas, sino en moradas fijas y amuebladas, no al simple abrigo de una lona. Son, pues, dos culturas muy distintas. La nómada es anterior a la sedentaria, y superior a ésta en términos espirituales, pues está acostumbrada a vivir de lo esencial.[3] Pero la gente domesticada, por su parte, no desea este tipo de vida. Ocurre, incluso, que muchos nómadas prefieren la comodidad de la vida doméstica, aun teniéndola por menos auténtica que la que les es propia. Existen, por tanto, peligros que acechan a cada una. El nómada puede devenir salvaje y dominante; el sedentario, sumiso y degenerado en su mentalidad más superficial. En ambos casos, la civilización decae. En cierta manera, las dos culturas se necesitan, en la misma medida que se excluyen entre sí.

Viajeros y hogareños coexisten hoy del mismo modo.

Dependen de su divergencia y lo saben casi siempre. Cada ánimo provoca y alimenta a su contrario. Así, para el sedentario la vida es "explotación del aquí". Para el nómada es "exploración del allá". Unos explotan, otros exploran. Sucede algo parecido en todas las personas de producción y creación: unas vivirán de explotar lo conocido, aquello que se tiene más a mano, y otras de explorar lo incógnito o difícil. Igual entre pensadores y profesionales de la comunicación. La mayoría de ellos se sirven de lo que dicen o hacen otros hasta extraer la última gota. Pero sólo una minoría hablará por cuenta propia. Puede que sea tan difícil hacer bien lo primero como esto último, pero reconozcamos que exige más imaginación y esfuerzo explorar que explotar, cuya compensación inmediata, sin embargo, es más clara. Por eso son también muchos menos los nómadas y cosmopolitas, en general, que los domésticos y establecidos. Pero veamos aún más diferencias culturales entre ellos. El hogareño se identifica en términos de espacio, similitud, permanencia. Ideas y pensamientos son asideros, vínculos con lo sólido. Lo más importante de su casa son las llaves. El viajero prefiere, a la inversa, las coordenadas del tiempo, el contraste, el cambio. Pensar es moverse. Moverse es pensar. Lo principal de su casa son, pues, las maletas. Asimismo, el hogareño establecerá sus relaciones en ámbitos de preferencia cercados, familiares; el viajero, entre gentes donde las relaciones constituyen, mejor, revelaciones, y no una confirmación de lo previsto. El mundano verá en el hogareño a un ser aburrido y ridículo. A la inversa, éste percibirá al otro como un tipo excéntrico e incómodo. No entiende, ni comprenderá nunca, cómo alguien puede ser emigrante por gusto, en expresión tomada del escritor Stevenson. Lo mismo que al cosmopolita: le cuesta, también, entender los motivos del patriota y de la gente de familia. Hay personas de llave y personas de maleta.

El propio Stevenson escribió en *Viajes con una burra*: «El mejor asunto es moverse». Bruce Chatwin pertenece a la misma estirpe de ingleses nómadas a los que no les gusta Inglaterra, aunque dicho sea de paso, eso es (y hace) muy inglés, y ha ayudado, incluso, a la expansión de Inglaterra. Chatwin, otro escritor viajero, o viajero escritor, habría que destacar en su caso, siempre tuvo el propósito de escribir una "teoría del nomadismo". Como buen nómada, y coherente con el espíritu de su proyecto, no tuvo el reposo suficiente para acabar el tratado. Mientras, sostuvo en sus otros trabajos una división de los individuos entre nómadas y pobladores (*settlers*). Los primeros –alude también a los beduinos– suelen ser despiertos y dinámicos; los otros, conservadores. Ser nómada o cosmopolita supone una forma determinada de inteligencia, si bien no se sabe con certeza si uno es cosmopolita por ser intelectual, o al revés. Chatwin parece esto último: es intelectual porque es nómada, no al contrario. «Viajar no sólo amplía la mente. Hace nuestra mente», escribe en *Anatomía de la inquietud*.[4] La mente cosmopolita se corresponde con la de una persona inquieta y sin descanso. Más aún, con la misma seguridad que distinguía a Rousseau al afirmar que el hombre es bueno por naturaleza, o malo, antes, según Hobbes, o Maquiavelo, nuestro Chatwin asevera que la inquietud es innata al hombre. El movimiento es la causa principal de la vida. Los cambios de lugar, actividad, ambiente o ideas hacen que se activen los ritmos de nuestro cerebro. El tedio, la monotonía nos adormecen. Creemos poder evitarlo con la danza o el deporte, el espectáculo o las drogas. Pero se trata de subterfugios para la gente que se ha olvidado de caminar. Si caminas, sobrevives y piensas por ti mismo. Así pues, «lo mejor de todo es caminar», escribe en el mismo libro. Chatwin dijo poco antes de morir: «Si no camino, no escribo».[5]

No es una opinión extravagante. Tiene una base científica. Si no hay mente sin cerebro, tampoco hay pensamiento sin cuerpo. Ser incapaz de pensar es, por este hecho, ser incapaz de moverse.[6] Al contrario, pensar es moverse. El pensamiento presupone y produce movimiento. «Somos viajeros desde que nacemos», afirma Chatwin.[7] Así, el hogar real de una persona no es la casa, sino la carretera, donde cada uno tiene que hacer su viaje rodando. Asumir esta vida no es huir; huir es lo que hacemos al sustituir la vida por sucedáneos como la droga o la diversión superficial. Y sobre todo al dar carta de naturaleza a la vida sedentaria y pensar que el domicilio es nuestro hogar real. Ese modo tradicional y familiar de estar presentes es, en realidad, estar ausentes. Para el cosmopolita, en cambio, sólo se habita el lugar que se busca o el que se deja atrás, no aquel en el que uno ya se ha establecido. De la misma manera, para el pensador, o el creativo, sólo son ideas o creaciones propias aquellas de las que ellos pueden de algún modo separarse y conseguir poner a distancia. ¿Es esto evadirse? Puede parecerlo a quienes se afanan por querer lo contrario: poseer, arraigarse. Pero no para los que hacen suya una de las necesidades básicas del ser humano: moverse. No es que el viajero cosmopolita quiera hacerse el "inencontrable", como un niño que juega a desaparecer un rato, y que le guste, también como a un niño, estar presente sólo "cuando él quiere". Es bastante más simple y crudo que eso: el viajero voluntario y con mentalidad cosmopolita se limita a exhibir su acuerdo íntimo con el sentido dinámico de la vida, y que ésta, nos agrade o no, se oculte o no, es estar de paso, nada más y nada menos que pasar. Sentir horror por el domicilio no es, por consiguiente, una *grande maladie*, una "enfermedad" que sólo afectaría, según Baudelaire, a los románticos. Puede que sea, mejor, un síntoma de buena salud personal. Porque la naturaleza misma nos dispone al "andar y ver", más que al estilo de vida sedentario. Los humanos tenemos un centro cerebral, el área premotora ventral, cercana al área de Broca (la encargada del lenguaje), donde se coordinan a la vez la actividad visual y la motora, de modo que mente y movimiento se desarrollan en común.

Hay algo que no puede hacer el viajero: cargar con un pesado equipaje. Quien anda así busca aún seguridad. Lleva la casa a cuestas, es más hogareño que cosmopolita. El viajero, en contraste, aprende a moverse con el mínimo equipaje. Lo contrario no sólo le impide caminar, sino que le priva de una libertad mayor: estar disponible para conocer y poder relacionarse. El equipaje es un lastre para eso tan esencial en el cosmopolita. Cuando se ha viajado mucho, ya no se desea una casa grande y guarnecida. Lo confortable es lo hecho a la exacta medida de uno, lo cual representa mucho menos que el mobiliario y las pertenencias de un supuesto hogar equipado. Se sabe bien con los años y, además, con los viajes. Si el espíritu es de viajero y cosmopolita, no se busca otro hogar que este en el que uno se mueve y piensa descargado, con lo esencial, y ya es bastante. Muchos espíritus domésticos son, mientras tanto, hogareños por defecto. No han buscado hogar y patria por su valor en sí, sino que compensan con ellos su incapacidad para ser libres, casi lo mismo que el *voyeur* o el coleccionista remedian con sus aficiones su ineptitud para gozar o crear directamente.

«Yo nací libre –dice Marcela en la primera parte de *El Quijote*–, y para poder vivir libre escogí la soledad de los campos.» La libertad cosmopolita supone eso mismo: saber andar solo, y sólo con lo mínimo. Todo lo propio se lleva con uno, no hay ladrón ni fuego que nos lo quiten. Lo propio es nuestra persona, claro está, pero también, a su imagen, útiles y pertenencias. El hombre o la mujer cosmopolitas tienen que cumplir con este doble desapego de las cosas. Ante todo, del hogar y la tierra como ataduras psicológicas. Después, de los objetos mismos. Si aprende a rebajar su fardo mental, hacerlo también con este embalaje material le costará menos. Esa doble eliminación realimenta su libertad. Si la consigna de austeridad es para el hogareño "De nada demasiado", la de plenitud, para el cosmopolita, es aún mucho más parca: "Menos es más". Esta consigna de libertad la conocen pocos y se aprende despacio. Algunos, con poder o riqueza, la disfrutan demasiado tarde, cuando una súbita renuncia, por necesidad o electiva, les hace ver que con menos apego a las cosas se vive mejor y, sobre todo, se es más libre. Antes, por lo contrario, al tener más les faltaba todo. O la sobra de lo propio les hacía perder de vista lo que podía haber en lo propio de particular. Viajar, en cualquier caso, cuando viajar no es ser transportados de un lugar a otro, nos acerca a esta sabiduría de la desposesión, y hacerlo con espíritu viajero o cosmopolita significa de algún modo disponerla.

El cosmopolitismo no es una mística, pero el cosmopolita es una especie de asceta. Una mística del viaje o de la apertura al mundo sería una contradicción en sí misma. Hablamos de un transporte exterior, no interior. El éxtasis hace innecesario el desplazamiento y, además, éste lo impediría. En sentido inverso, no se echa en falta la quietud ni la contemplación cuando lo que se busca es justo moverse en el mundo y aprender de lo que nos viene de fuera. Por otra parte, aquellas cosas tranquilas restarían tantas fuerzas como sentido a este movimiento. De modo que mística y cosmopolitismo se eluden más que se atraen mutuamente. Lo que sí viene a ser el cosmopolita es un asceta. El desapego propio de la personalidad viajera supone virtudes de renuncia a la vez que de autoafirmación. El viajero cosmopolita necesita cultivarlas para seguir su itinerario y en gran medida su personalidad se debe a ellas. En pocas palabras, el cosmopolita cs un tipo de asceta de la libertad, su valor esencial, hecho realidad y metáfora en el viaje.

El viajero existe por la libertad. Pero antes que atravesar cambios de alma tiene que atravesar cambios de paisaje. El "viaje interior" es una expresión retórica si no se corresponde con un viaje exterior. Éste es, en términos cosmopolitas, el que nos hace cambiar. Elegir el destino, trazar el itinerario, aprender del camino, preguntar alrededor, todo eso que distingue respecto de otros al viajero cosmopolita no sería posible, cierto, sin la libertad como condición y principal motivo para moverse y asimilar del exterior. Pero sólo después de estas pruebas externas puede ser que acontezca el "viaje hacia uno mismo" y conocer algo de la propia "geografía", más moral que descriptiva. Enfrentado a los cambios y las diferencias que él o ella han elegido en su origen, pudiendo no haber optado por la alternativa viajera, el cosmopolita hace uso de su libertad y, además, la pone constantemente a prueba. Es decir, se prueba a sí mismo, pero siempre a raíz de lo que le sucede en la experiencia real por haber elegido viajar. Para el cosmopolita el viaje es el efecto exterior de, antes, un cambio interior, efecto que a la vez será causa de otros cambios interiores, en la forma, tal vez, del viaje hacia uno mismo.[8] Viajar, pues, no es lo que ocurre al desplazarse de un lugar a otro, pero tampoco, en la interpretación opuesta, esta pura mudanza interior. Si la búsqueda de novedad y el espíritu de cambio van aparejados en la mentalidad cosmopolita, en el primer tipo de viaje, el del mero transporte, no hay cambio, todo permanece igual en su indiferencia, y en el segundo, el del sondeo en la mismidad de uno, no hay ni puede haber propiamente novedad, sino un redescubrir lo olvidado o un disponer el futuro, sin el apoyo de ningún dato nuevo en ambos casos. La novedad, en rigor, sólo puede encontrarse –como ya recuerda Baudelaire en «Le voyage», al cierre de *Las flores del mal*– cuando indagamos en el fondo de lo desconocido, no de lo ya más o menos conocido. Es lo que esperamos hallar, por ejemplo, mientras viajamos en un sentido cosmopolita.

Pero aunque el viaje cosmopolita no sea un viaje interior, tampoco puede obviarse su importancia como forma de "encontrarse a uno mismo". Porque viajar en el espacio es avanzar o recular también en el tiempo, hasta dar con nuestras raíces o rozar el techo de nuestros proyectos. Así: *Toujours est partout*, "Siempre está en todas partes". Lógicamente, el concepto de distancia remite al de duración. En el repaso interior, las unidades de lugar o situaciones en el espacio se mudan muy pronto en voces y pensamientos en el tiempo, una conversión que inspirará, sin ir más lejos, toda la obra de Proust («El recuerdo de una determinada imagen es sólo el lamento de un determinado instante», apunta en *Por el camino de Swann*). Por eso un viajero cosmopolita no debe distraerse, como hace el turista, y después de observar a su alrededor tiene que cerrar los ojos para darse cuenta de que realmente ha cambiado de lugar. Y cuanto mayor sea esta concentración, más vivo será el contacto con uno mismo, sea hacia el pasado o hacia el futuro. Este encuentro no asegura, como ya dije, ningún "descubrimiento"; verifica lo que ya llevamos dentro y, en todo caso, es una ocasión para rectificarlo.

De ahí el valor otorgado al viaje en la formación del espíritu religioso y en la educación completa de la persona. El mejor testimonio de lo primero se encuentra en los maestros orientales de la antigüedad, como Lao-Tse y Buddha, hombres que "pertenecen al universo" (*vishvamānav*), y en los grandes profetas y predicadores, después, de las religiones monoteístas. Una figura paradigmática entre ellos es san Pablo, avanzado cosmopolita en su tiempo: nacido en Tarso, en la actual Turquía, ciudadano de Roma, de cultura griega, religión judía y militancia cristiana entre pueblos de confesión distinta, de Arabia al oeste del Mediterráneo, dispuesto siempre al choque con lo diferente (*semper aliquid novi*).[9] Como él, los maestros itinerantes no son "errantes". "Itinerancia" –de *iter*, "camino"– implica recorrido y objetivo: un itinerario, no un deambular errático. Por otra parte, el concepto occidental de educación ha tomado también en cuenta la eficacia formativa del viaje. Desde los estoicos latinos hasta el humanismo y la Ilustración, se da por entendido que la educación cívica tiene que ser cosmopolita y que los viajes instruyen al individuo: la idea es que el estudio de la humanidad es valioso para el conocimiento y el dominio de uno mismo.

Entretanto, existe una deuda del modo de vida occidental hacia los antepasados nómadas, incluso por lo que respecta a los hábitos del hogar y la ciudad. El nómada, no el sedentario, es quien descubre, y redescubre, los valores esenciales del hábitat. Su movimiento propende a la cultura, mientras que la quietud del sedentario la deja atrás, para hacer de su cultura local –hogar, poblado, patria– una nueva e inmodificable naturaleza. Por lo contrario, los nómadas no salen de la cultura para volver a la naturaleza, como hacen los hogareños al dar valor vitalicio a la casa y eterno a la patria, sino que salen de la naturaleza-casa, o de la naturaleza-patria, para ir, en cambio, a la cultura, la de descubrir –y redescubrir después– lo que representan en sí mismos de cultura el refugio, el burgo, la ciudad. El mundo, en fin, civilizado en su globalidad. El sedentario ya ha olvidado este impulso cultural básico de dar forma física y significado a un territorio para transformarlo en un hábitat. El nómada primitivo busca un claro en el bosque o un palmeral, la ribera de un río o un altiplano, y sabe mejor que el sedentario cómo organizar sus pertenencias en función de su utilidad vital. Cuando llega a un lugar y toma asiento en él, da una lección de asentamiento y estabilidad al que lleva más tiempo ahí o vive alrededor, deformado por unos hábitos lugareños obsoletos o por el simple abatimiento de estar siempre en el mismo sitio. Así se han hundido ciudades e imperios: por ese "bárbaro", el nómada que aprendió a vivir y a organizarse antes que a repetir las costumbres domésticas en la vulnerable seguridad de unos muros. En cierta manera los cosmopolitas son hoy los descendientes de estos nómadas. No buscan la cultura en el remanso del bosque o en la conquista de un poblado, sino en la convivencia con el extranjero y la paciente construcción de una ciudadanía transnacional.

Una figura característica, en el mundo occidental, de este nomadismo civilizador es el filósofo ilustrado Jean-Jacques Rousseau. Su vida fue un ir y venir de ciudad en ciudad, en parte para evitar ser detenido a causa de sus ideas políticas, pero sin duda influido también por su personalidad andariega y renuente a una vida familiar tradicional. Al mismo tiempo, su cosmopolitismo era ilustrado, pero expresivo, a la vez, de un sentimiento de libertad natural que lo acercaba al futuro romanticismo europeo. En su obra sobre la educación, *Emilio* (libro V), recuerda que viajar no es el mero transporte de un lugar a otro, sino percibir el intervalo entre los dos términos y saber disfrutar de él. Pero, con todo, no hay que valorar el viaje "por el viaje mismo", típico, dice, del trotamundos, ni tampoco el viajar utilitario para "instruirse", porque sus objetivos no suelen estar claros. Hay que viajar, a diferencia de todo ello, con un interés formado en lo que atañe a los lugares y a los fines instructivos de la visita. De otro modo, no se sabe apreciar en el viaje aquello que de verdad nos interesa. «Las enseñanzas que se obtienen de los viajes –subraya Rousseau– están en relación directa con el objetivo con que se emprenden.» Uno no viaja, repite también Chatwin, sin que busque algo que, en parte, ya lleva encima. Viajar, pues, es formativo sólo para quien está predispuesto e informado. Al resto, aquellos que no tienen ojos para observar, puede que el viaje les deje igual. De modo que el "libro del mundo" viene a completar el estudio de los otros libros, y el conocimiento de la humanidad, el de nuestros vecinos y de nosotros mismos: «Un parisino cree que conoce a los hombres, y de hecho sólo conoce a los franceses».

Luego, en las *Ensoñaciones*, cumplidos los sesenta años, el autor ofrece en breves crónicas y reflexiones de caminante solitario un breviario ético y estético a propósito del andar y ver por el mundo. Al paseante, dice, no le interesa tanto lo que descubre a su alrededor como las variaciones, en forma de estados afectivos, que este contacto con gentes y paisajes le produce en su alma. Bajo el efecto del mundo exterior nuestro mundo interior contempla, medita, proyecta, y esas emociones permiten, a fin de cuentas, que tomemos también un mejor contacto con nosotros mismos. Pasear y recogerse van juntos: «*Je ne suis à moi que quand je suis seul*», apunta en la novena *promenade*. Puede verse en tales afirmaciones un alegato a favor del individualismo romántico. Pero no dejan de ser un claro anticipo de la moderna actitud cosmopolita. Por ejemplo, la de un Baudelaire o un Benjamin, para quienes el sentimiento y la iluminación intelectual sólo pueden sorprendernos al avanzar como espectadores solitarios por las calles y pasajes de la gran ciudad.[10] "Andar y ver." Si hablamos de viaje, no hay viaje digno de este nombre que no posea un objetivo realmente inaccesible. Y éste es, para Rousseau y otros filósofos cosmopolitas, el de conocerse a sí mismos a través de una experiencia que no se aprende en los libros.

Sentir horror por el domicilio no es una reacción espontánea y superficial. En realidad, cuando uno se va de casa es

porque ya se había ido. El cosmopolita es constitutivo y vitalicio. Nietzsche, otro pasajero de la existencia, declara a Lou
von Salomé que ha dejado de ser profesor universitario para
pasar a ser un *fugitibus errans*. Pero eso ya lo era antes, y es
justo lo que le hizo inclinarse por unos estudios, una carrera,
y no por otra clase de vida. El sentimiento de horror por el
domicilio surge en positivo, por atracción del mundo. Salir
de casa, rehuir lo doméstico, aborrecer el patriotismo, no son
la causa motora o final del cosmopolitismo. Ni apenas su
incentivo. Son una consecuencia más de un tipo especial de
personalidad.

11. EN CASA EN TODAS PARTES

Uno vuelve, en Barcelona, al barrio del Raval, donde vivió hasta la adolescencia. Han pasado casi cuarenta años desde que lo abandonó. Quedaron familias de obreros, artesanos y pequeños comerciantes en un barrio antiguo y de tradiciones populares en esta ciudad mediterránea. Todos los vecinos se parecían en color de piel, nivel económico, idioma, costumbres.

Ahora es distinto, con gentes de todos los colores y religiones. La mayoría son trabajadores inmigrantes, algunos sin papeles. Hay también estudiantes y artistas de otros países. Los jóvenes de entonces se marcharon todos. Los mayores han ido desapareciendo. Éste es otro vecindario diferente del que conocimos años atrás. Ya no es homogéneo, es pluricultural. Uno no entiende la mayoría de lenguas que se hablan en él. Uno se siente extranjero. Pero no extraño, porque es su viejo barrio, y también por no ser contrario a esta transformación. Uno ya no sabe ni se siente del lugar, pero se encuentra bien en él. Visitamos un cuerpo viejo con un alma nueva. Entramos en un espacio transnacional. No hace falta viajar a Tijuana o a Amsterdam. Ocurre en Barcelona mismo. Pero ¿por qué oponerse? Hasta hay rasgos mejores que los de antaño. Nunca se hubiera dicho que aquí abrirían, por ejemplo, galerías de arte, oratorios musulmanes y almacenes de comida oriental. Ahí tuvo uno su casa, aunque cueste reconocerlo, pero podría volver a tenerla, porque no se siente extraño. El barrio le resulta, conforme avanza en él, un espacio confortable.

En tiempos de Rousseau, la *Encyclopédie* francesa ya calificaba al cosmopolita como aquel que en ninguna parte es un extranjero. Lo cual nos recuerda la célebre frase de Terencio: «Nada de lo humano me es ajeno». Por lo menos a partir de ella, y para seguir con la condición cosmopolita, podemos decir que patriota es quien celebra lo humano, excepto las diferencias; humanista, quien lo hace a pesar, o más allá, de ellas; y cosmopolita, quien lo hace a través de las diferencias mismas. Lo heterogéneo no sólo no es descartado por él o ella, sino que es puesto como base de la estimación de lo humano. Así, uno nunca se siente extranjero en ninguna parte. No percibe lo diferente como algo totalmente ajeno. Ser, pues, cosmopolita, no es una cuestión de ideología política, sino de personalidad y disposición personal, para, en conclusión, poder sentirse en casa en todas partes. Aunque desestime la vida hogareña y no arraigue en ninguna parte, no es un personaje a la fuga ni un extraterritorial. Su mentalidad es positiva: valora cada lugar y se siente confortable en él. Su casa es el mundo, su ciudadanía no puede ser local.

Cuanto mayor y más diversa es la ciudad, más probable es que el cosmopolita que la visita acabe sintiéndose a gusto en ella. Uno llega, por ejemplo, a Toronto, donde tres cuartas partes de la población son de origen inmigrante y es fácil identificar etnias y nacionalidades a lo largo y ancho de la ciudad. Pero es difícil sentirse extranjero en esta ciudad canadiense, porque casi todos, alrededor de nosotros, son de origen extranjero. Ésta es la forma de empezar a sentirse en casa, porque nadie va a poder decirnos que no "somos" de allí. La residencia prima sobre el origen; la ciudadanía y la participación, sobre la etnicidad y el arraigo. El o la cosmopolita se encuentran, así, ante condiciones muy favorables a su instalación en este destino. De hecho, han llegado a una ciudad construida por otros cosmopolitas como él o ella. Ha habido y hay metrópolis parecidas, desde Babilonia o Alejandría a las modernas Beirut o Birmingham, Kioto o Singapur. La lista es larga y hasta ociosa. En Occidente, hoy, el ejemplo paradigmático de Nueva York ha sido sustituido por el de Londres, aunque pocas ciudades han igualado a la primera en su punto álgido de cosmopolitismo, a principios del siglo XX, momento en que tuvo que adoptarse la solución integradora del *melting pot*. Por lo demás, sobra decir que las ciudades democráticas y con políticas de gobierno pluralistas son las que facilitan mejor el que los extranjeros no se sientan extraños en ellas.

Puede decirse que hay ciudades de provincianos y ciudades de cosmopolitas. Las primeras están impregnadas de espíritu local. Pueden crecer, pero no serán más que pueblos o asentamientos inmensos, sin cultura ni proyección de ciudad. Sus habitantes y dirigentes se preocupan demasiado por lo afín y familiar, lo tradicional y patriótico. En contraste, las ciudades cosmopolitas pueden albergar lo mismo, pero están dispuestas a crecer y mezclarse con culturas muy diferentes. Los ojos de su gente saben ver más allá de lo que tienen delante y no se limitan a reconocer sólo lo que conocen desde siempre. De este modo, si los cosmopolitas están orgullosos de su ciudad, dicen que es porque "cualquiera puede formar parte de ella". Mientras que los localistas lo están porque, dicen, "sólo nosotros podemos ser de ella". Nada más lejos de esos últimos que admitir, entonces, que una ciudad es, desde su origen como ciudad, un asentamiento de y para extranjeros, los cuales, sin embargo, quieren vivir juntos y hacerlo durante un largo tiempo.[1] Una observación similar la hace ya Aristóteles en su *Política* y se recoge tanto en las antiguas como en las modernas teorías del régimen republicano. Por descontado, es también una idea consustancial a las políticas multiculturales que deben seguir madurando en este siglo. De modo que si el ideal cosmopolita estuvo reservado en otros tiempos para unos pocos –filósofos, clérigos, literatos, burgueses o aristócratas ilustrados–, en el mundo contemporáneo, con la creciente globalización, adquiere ya el carácter de una cultura ciudadana colectiva, ni doméstica, ni elitista.

La ciudad cosmopolita constituye, además, el marco idóneo para el intelectual o el artista moderno. Sólo en el gran entorno urbano se aprecian a la vez, de modo visible, la globalidad y la diversidad. En las zonas rurales y en las comunidades de vida aldeana no se ven tales cosas. Puede haber mucho de algo, pero nada de casi todo. En suma, no hay contrastes humanos, y, en especial, uno no puede vivir en el anonimato, este verse solo e individualizado entre la multitud. El anonimato hace que cada uno vaya a lo suyo, con su menester propio, pero indiferente para los demás. Al intelectual, científico o artista, ello le permite cazar instantes de inspiración y verterlos luego en su trabajo, en estas condiciones óptimas de independencia que le ofrece la ciudad cosmopolita.[2] Vivimos en ella en el anonimato, pero sin perder la identidad. Más aún: buscamos ésta a través de aquél, un derecho ciudadano básico.

Joseph de Maistre escribió en *Consideraciones sobre Francia* que él, como diplomático, había visto en su vida franceses, italianos, rusos, etc., «pero al hombre declaro no haberlo encontrado nunca en mi vida». Admitamos que esta conclusión sea creíble tras haber viajado de país en país, pero no para los que viven en la gran ciudad y con mentalidad cosmopolita: la pluralidad, ahí, puesta en relación, es justo lo que impide una conclusión parecida. Con tanta diversidad mezclada y anónima a nuestro alrededor, ya sólo queda por ver individuos, no grupos, y, quizás, al individuo. Aunque la gran ciudad nos camufle, es más difícil dejar de ser uno mismo en ella que en el pueblo, donde la red de control sobre el individuo es diaria e insidiosa. Nada le conviene menos al intelectual o al artista. Si ser ciudadano es el hecho de ser alguien en alguna parte, ser ciudadano del mundo extrema ambas cosas: afirma la necesidad de ser uno mismo de la manera más individualizada, es decir, anónimo, desligado del resto, y de ser tal cosa en todas partes.

Dijo otro francés, Stendhal: «El reposo de nuestro carácter es la vanguardia de la muerte». Él también fue cosmopolita. En los viajes y la vida en diferentes ciudades pudo conocer, experimentar, crear. Permanecer en un agradable rincón tranquilo y seguro, familiar, corta de raíz los estímulos y recursos creativos o intelectuales. Nietzsche mismo se quiso "poeta de la vida" y buscó la vida eremita. Para escribir adaptó cualquier rincón a su carácter y pensamiento, con mayor perfección que la del escritor lugareño adaptado a su cotidiano escritorio. El transporte y el contacto con lo diferente hacen que cualquier persona creativa aumente su inspiración y agudice su talento. Una condición, pues, de persona cosmopolita, favorecerá estas dotes. Heidegger no escribió *Ser y tiempo* en la Selva Negra, ni Spinoza se retiró al campo para componer su primorosa *Ética*. Lo hizo en un altillo de una céntrica calle de La Haya. No debe extrañar tampoco que Gino Rubert, un joven pintor catalán, con obras influidas por el imaginario mexicano, haya elegido instalarse durante un año entre el bullicio de Kioto. Algo mucho mejor, en la clave cosmopolita que aquí estudiamos, que retirarse, por ejemplo, a una exótica Oaxaca, demasiado parecida, sin embargo, a su pintura. Porque artistas e intelectuales no trabajan mejor con lo semejante y predecible, sino en la soledad rodeada de contrastes.

El proceso de creación y pensamiento, como ha observado, entre otros, Bajtin, en *The dialogic imagination*, surge,

en lo esencial, del choque y la interferencia entre elementos
o culturas en apariencia opuestos. De lo homogéneo y asimi-
lable ya no hay nada que abstraer. Ni que ver. Cuanto más
dispuestos al impacto de lo nuevo, y hasta a la hibridación
con lo diferente, sea viejo o nuevo, más pronto lograremos la
innovación en nuestro propio trabajo. La inspiración no es
accidental, ni rutinaria, aunque se ejercite con el trabajo
constante. Proviene de una selección de múltiples y consecu-
tivos incidentes, y esa experiencia incidental viene, entre
otras pocas ocasiones, con la inmersión en un mundo extranjero en el que, sin embargo, no se siente uno extraño. Para un
ensayista, es preferible la vitalidad de un barrio popular de
Marsella o de São Paulo que una universidad norteamericana, y un escultor o un vídeo-artista, pongamos por caso, pre-
ferirán la excitante diversidad de Ciudad del Cabo, o, sin ir
más lejos, del East End londinense, que el pintoresquismo
siempre igual a sí mismo de la Toscana o de Mali.

Podemos, mientras tanto, imaginar que hay países o culturas más cosmopolitas que otros. O, decididamente, que
unos ostentan en mayor o menor grado esta condición y que
otros pueblos están incapacitados para mostrarla. Con demasiada seguridad se dice unas veces que tal ciudad o nación
son "muy cosmopolitas" y tales otras no lo son. Pero debemos juzgar también de modo cosmopolita: hay de todo en
todas partes, y las diferencias, en cuanto a la mentalidad
abierta o no al mundo, son de grado, más que por naturaleza
o principio. Y, sobre todo, siempre están sujetas a interpretación. Viajar y estar abiertos al mundo nos enseñan que casi
nada puede juzgarse sobre el patrón bueno/malo o verdade-
ro/falso. Juicios categóricos sobre culturas y civilizaciones
son impropios de cosmopolitas. Éstos, al contrario, han de
empezar por admitir sus propios residuos o quizás ocultas
querencias por lo local y lugareño. Por lo tanto, no se puede

establecer una jerarquía histórica o actual de pueblos más o menos cosmopolitas.

Puesto a hacer recuentos y comparaciones, el politólogo Samuel Huntington asegura que existen en nuestra época ocho grandes civilizaciones: occidental, islámica, ortodoxa, china, japonesa, hindú, africana y latinoamericana.[3] Admitido el elenco, podría insistirse en la pregunta: ¿cuál de ellas es la más cosmopolita? En otros términos, ¿en cuál es más fácil sentirnos todos en casa? Pero ahí también se debería responder que no hay, en sí misma, una civilización más abierta y acogedora que otras. Además de dos factores clave, como son la participación política y el bienestar económico, es evidente que el comportamiento sociocultural de la población, que incluye, entre otros, los hábitos de respeto y tolerancia, contribuye a las condiciones para que una civilización se gane los calificativos de abierta hacia fuera e incluso con los extranjeros dentro de ella. Lo cual impide una comparación objetiva con el resto, ya que de ninguna de ellas podemos decir, en rigor, que tiene o no tiene tales requisitos –democracia, prosperidad, hábitos de convivencia– de una manera esencial y permanente. Son tres condiciones universales que ninguna civilización puede atribuirse en exclusiva o considerar que las cumple mejor por ser la civilización que es.

En teoría, y según la experiencia, también, todas las civilizaciones reúnen los caracteres básicos del cosmopolitismo o son susceptibles de hacerlo algún día. Pero cualquier cultura puede ser cosmopolita si, después de todo, está segura de sí misma. Una seguridad que puede y suele venir a través de la religión, como lo prueba el hecho de que la mayoría de los grandes viajeros son individuos con fe y convicciones que les dan seguridad en todas partes. De otro modo, recorrer el mundo parece más difícil y peligroso. Quien cree en algo conserva la confianza, por lo menos en sí mismo, allí donde va. Esta autoconfianza elevada al nivel colectivo supone una sociedad más dispuesta a la revisión y al intercambio, y en definitiva con instituciones más duraderas. El cosmopolitismo, de hecho, no es una exclusiva de Occidente. Es conocido por todas las culturas, en tanto que cada una da o puede dar seguridad a sus miembros para relacionarse con lo que no es ella. Demasiada seguridad en sí misma le impedirá esta relación, así como ninguna seguridad la hará vulnerable o ficticia, sin que realmente podamos apreciar las diferencias culturales. Para una cultura es peor esto último que lo primero. La quiebra de la seguridad de una cultura en ella misma, acompañada siempre del cierre cultural, hace que esta cultura se desmorone y desaparezca.

Pero a pesar del entorno, el cosmopolita puede sentirse como en casa en todas partes. Culturas abiertas en un sentido pueden no estarlo en otro. Es posible encontrarse en una sociedad tolerante y, sin embargo, poco hospitalaria. Y viceversa, habitar en un contexto amistoso, pero echado a perder por las injusticias y la censura. En cualquiera de ambas situaciones, el cosmopolita se adaptará y aprenderá del medio, con independencia de que comparta o no lo que impera en éste. La medida del cosmopolitismo, hay que recordarlo, es individual, más que colectiva. La ofrece cada individuo con su disposición a estar abierto al resto del mundo, sea cual sea la atmósfera social que le envuelve. Su derecho inalienable es poder vivir en cualquier parte, aunque no sea bien recibido en ella.

Momento es, pues, de destacar la ambivalencia del individuo cosmopolita en su relación con el medio. Es el doble filo que se encuentra ya en su deseo de viajar y conocer el mundo. Por una parte, el cosmopolita experimenta el sentimiento de "horror por el domicilio" porque no soporta la vida doméstica, con su mundo limitado al propio país, pueblo, hogar. Para seguir con nombres ilustres, es el caso, entre tantos, de Nietzsche, que rompió con todos esos círculos domésticos, proclamándose "aeronauta del espíritu". Goethe, Kant o Hegel, otros pensadores germánicos, pudieron pensar algo parecido de sí mismos, pero su vida da fe de las ataduras de diversa clase que Nietzsche, en cambio, repudia, al igual que hizo Hölderlin y, más tarde, Wittgenstein. Éste le aseguró a su amigo David Pinsent que nunca podía dar nada bueno de sí mismo "excepto en el exilio". Otros intelectuales austríacos han seguido su rastro. Para todos los cosmopolitas, lo nuevo, empezando por la tierra que se pisa, es portador de libertad. Por lo menos de una clase de libertad que la personalidad viajera, desapegada del suelo local, descubre y sabe valorar, o así lo percibe. Tiene, pues, la necesidad, y virtud, a la vez, de experimentar lo extranjero, sin nostalgia de su casa. Pero, por otro lado, el cosmopolita se caracteriza por sentirse "en casa en todas partes". Su vocación no es una vida sin techo, ni ser un desarraigado. Allí donde está bien ya es su casa, y donde está su casa se encuentra su patria, no al revés. «La patria está allí donde se está bien», dijo Cicerón. Luego, cualquier suelo puede ser la patria de uno, y ningún suelo ser un exilio, sino otra patria, añadida a las de antes. El mismo Nietzsche recuerda que la patria es allí donde uno es padre, no hijo, o sea el lugar que ha elegido, como toda casa, hogar y patria deben ser para el cosmopolita. Y este doble sentimiento, en fin, es el que marca la relación del cosmopolita con su casa. La lleva a todas partes, pero se cuidará de no adaptarse a una vida doméstica que le impida seguir con su itinerario.

John Lennon se sentía inglés, pero vivía en Nueva York y poco antes de morir hizo planes para marchar a vivir en Asia. El cosmopolita nunca está quieto. Está en todas partes, porque cuando está en una ya tiene la cabeza en otra. Vive de la inquietud, y en la inquietud. Ningún punto geográfico es para el viajero o para quien se siente ciudadano del mundo una unidad autónoma e independiente del resto de unidades. Ni de ninguna parte espera adueñarse o hacerse un "sitio" en ella, a la caza de poder, propiedades o fama. Sus virtudes son, en este sentido, poderes casi divinos: la ubicuidad y la invisibilidad, pasar por todas partes y ver sin ser visto.

Atributos, sin embargo, que hacen a veces del cosmopolita un ser aborrecible, por su arrogancia panóptica y libreflotante, aparente o real. Al intelectual, al viajero, les aburre, en efecto, lo rutinario y doméstico. Pero pocas cosas detestan tanto como otro intelectual o viajero más ambicioso que ellos. No les es fácil aceptar que alguien sobrevuele el mundo o las ideas con más ligereza que la suya. La crítica literaria y artística vive, para lo bueno y para lo malo, de este permanente ajuste de cuentas en el panorama de su época.

12. EXTRANJERO EN CASA

Mercurio fue para los romanos el dios del comercio y de los viajeros. Era el mensajero de Júpiter, el dios mayor, y se hacía presente en todas partes gracias a sus sandalias aladas. Los cosmopolitas pueden tomarlo como su patrón. Su cuerpo y su mente son también mercurianos, formas que se mueven sin descanso y pierden gravidez, hasta convertirse en espíritus aéreos. Patriotas y domésticos son, en cambio, espíritus que miran alrededor, anclados en la tierra.

Nietzsche, filósofo cosmopolita, representa como pocos este espíritu aéreo en la actividad del pensamiento moderno. El escritor Stefan Zweig dice de él que fue "inaccesiblemente extranjero" en su época, no sólo por el contenido revulsivo de sus ideas, sino por el grado de independencia personal que éstas representan.[1] Zweig ve detrás del autor de *El viajero y su sombra* a un personaje excepcional que consigue modelar su propio destino, y que lo hace en la medida, no a pesar de ello, de sus viajes por toda Europa como un ser "solitario y desconocido".[2] Fue, pues, otro mercuriano: cuanto más independiente, más viajero, y viceversa. Algo parecido suscribía por la misma época el sociólogo Max Weber: «El aire de la ciudad hace libre», dijo refiriéndose a los nuevos modos de la vida urbana, en contraste con la jerarquía y las costumbres de la vida rural. Desde un punto de vista cosmopolita deberíamos agregar que el aire de una ciudad mundial, sin limitaciones nacionales, nos hará más libres todavía.

Gracias a su espíritu libre y viajero, mercuriano, el cosmopolita se acomoda mejor que otros a la diversidad y la diferencia. En oposición al patriota, puede sentirse, pues, como en casa en todas partes, y ésta es una de sus características principales. Pero este requisito exige acompañarse de otros que lo complementan. Si pensáramos sólo en el confort de uno mismo, la vida cosmopolita perdería su razón de ser y su atractivo. Habría que optar, mejor, por la vida doméstica. Pero es que además de sentirse como en casa en todas partes, el cosmopolita es aquel o aquella que se siente también como extranjero en casa. Es un cosmopolita, un ciudadano del mundo, lo que hace que sepa apreciar el interés y las ventajas de cada lugar, pero que al mismo tiempo pueda advertir sus defectos y limitaciones, especialmente aquellos que lo convierten en un lugar cerrado y provinciano. Debe, pues, sentirse en parte extranjero en cualquier casa, aunque sea en la más familiar para él o ella. Hay que observar los otros pueblos como si fueran el nuestro, pero también ver el nuestro como si fuera otro pueblo. Este desapego que transporta el cosmopolita a cada nuevo punto que visita, y que mantiene por larga que sea la residencia en él, es justo lo que le hace minimizar en su ánimo los elementos negativos y gozar de los positivos, gracias a que, con el distanciamiento, puede comparar. De manera que uno no es cosmopolita hasta que no ha aprendido a ver su ciudad y sus costumbres como si fueran el lugar y las costumbres de otros, y deja de serlo cuando las ve con indiferencia o sólo con disgusto, como les sucede a muchos autóctonos. Incluso éstos ganan al mirar su patria o ciudad con ojos cosmopolitas y descubrir lo que los extranjeros ven de bueno o de diferente en ellas. De hecho, en las relaciones entre ciudadanos se mezclan lo próximo y lo lejano. El compatriota nos parece lejano cuando no piensa como nosotros; el extranjero, sin embargo, nos resulta cercano cuando tenemos un trato con él. Cada uno está, a la vez, dentro y fuera del grupo. Luego, no es tan extraño sentirse extranjero en casa.[3]

La persona que en ningún lugar quiera sentirse extraña debe aprender a sentirse un poco extranjera en cada lugar, especialmente en el que le es más familiar, si está dispuesta a apreciarlo mejor. Lo cual nos recuerda, una vez más, que para el cosmopolita no hay una diferencia esencial entre lo doméstico y lo extranjero, sino sólo de distancia, es decir, de tiempo para abrirnos a una nueva situación. Y si uno sabe admitir su condición de extranjero, incluso en su propia ciudad y, en el fondo, para sí mismo, más corto se hará ese tiempo para sentirse próximo y participar de otra realidad. También dijo Nietzsche, en *El viajero y su sombra* (§ 316), que nos conocemos mejor a nosotros mismos cuanto más dispuestos estamos a sorprendernos y a ir a la búsqueda de esta sorpresa. El cosmopolita conoce más o menos bien esta experiencia, que suele empezar de modo negativo, al verse alterado en sus sentimientos y principios domésticos, o quizás, si lo tuvo, en su orgullo patriótico. Para los patriotas, la apertura al mundo de su país, al que tienen por superior o diferente en todo, es una herida contra su narcisismo nacional, y en este sentido la ciudadanía mundial o transnacional se percibe como una amenaza parecida a la representada por el descubrimiento de que la Tierra gira alrededor del Sol, y no al revés, o de que el hombre es una especie que desciende del simio, no una criatura separada del resto; éstos son otros agravios narcisistas.

Ser cosmopolita equivale a una humillación permanente para el tipo de persona con superego fuerte y a la vez necesitada de seguridad, como es, indefectiblemente, el patriota y que se amaga en muchos individuos domésticos. Esta ofensa posee una base real. El cosmopolita no sólo debe renunciar al narcisismo patriótico, sino que, en efecto, debe experimentar algo similar a una humillación personal. Tiene que admitir la pluralidad a su alrededor, en la que él o ella son uno más; reconocer que su conocimiento de la diversidad es limitado y debe aprender más de ella; ser capaz de verse desde fuera, y ver así también a su gente, con la consiguiente decepción, no pocas veces. Y lo más característico, aún, del cosmopolita, como ya se destacó antes: que debe acostumbrarse a vivir en el anonimato. Si alguien, por ejemplo, aspira a destacar sobre el resto, tiene que saber de antemano que lo más seguro es que no lo haga nunca a escala mundial, y que si es conocido o célebre en su país o ciudad no puede pensar otra cosa de sí mismo que él o ella es tan sólo una "gloria local". Aunque, en compensación de todo ello, el cosmopolita disfruta al mismo tiempo del hecho de vivir de incógnito. Parte de este placer es de tipo estético: las ventajas de observar las cosas a nuestro alrededor como extranjeros, incluso en la propia ciudad. Disfrutamos ahí como espectadores. Pero el otro porcentaje de satisfacción es de índole moral: la oportunidad, mientras avanzamos en un bosque que se despeja, de sentir que todos nuestros recursos de vida están en activo y gobernados, en definitiva, por uno mismo. Éste es, en palabras de Rousseau, el "elemental sentimiento de existencia", aquel que hace sentirse al paseante "actor", además de espectador, y que arranca con el simple juego rítmico del "andar y ver".[4] El sedentario desconoce esta íntima satisfacción moral. Porque no está acostumbrado a caminar, le cuesta imaginar que la coincidencia de los pasos con las divagaciones pueda ponernos tan en contacto con nosotros mismos y compensar la soledad del camino.

También, en el plano moral, habría que preguntar si sentirse como "en casa en todas partes" y, a la vez, "extranjero en casa", según acabamos de ver, son formas de experiencia personal que bastan para cerciorarse de que uno mismo es un o una cosmopolita. Porque ambas cosas se limitan a la esfera individual, en la que el contacto con el mundo puede dejar mucho que desear o simplemente ser un espejismo si el cosmopolita, apegado a su soledad, se comporta de manera egoísta. Entonces hay que recordar que ser cosmopolita representa no sólo el sentirse bien en la diversidad, sino el hacer que se sientan bien los otros que visitan nuestro medio habitual o se instalan en él. Sería contradictorio que un ciudadano del mundo sólo pensara en su mundo propio, sin tener en cuenta, en realidad, el mundo que dice tomarse tan en serio, es decir, sin pensar en los demás, y en especial en los extranjeros. Un cosmopolita es, además, quien hace sentirse al extranjero como en casa, y este requisito, el de la hospitalidad, en una palabra, es la característica común de una ciudad cosmopolita. En el horizonte de una ciudadanía mundial es evidente que tiene que darse por descontada la hospitalidad como rasgo cultural básico, con su reflejo, también, en las instituciones públicas.

Hay un temor a los extraños que es natural en nuestra especie. Hacia los siete u ocho meses de edad, el lactante manifiesta en general azoramiento ante los desconocidos: les aumenta el pulso, desvían la mirada, se refugian en la madre.[5] Los adultos hacemos algo parecido cuando alguien que no conocemos aparece en un lugar imprevisto o se nos acerca demasiado, por ejemplo en el andén de una estación o en la mesa de una biblioteca. Añadimos otros factores a los del niño: desconfiamos, pensamos en el peligro, se busca cómo salir de la situación. Y a título colectivo, algunos antropólogos, como Lévi-Strauss, han llegado a afirmar que cierto grado de xenofobia es natural y conveniente para que una cultura, sin excluir el contacto con las demás, ni suponer racismo, se preserve a sí misma. Pero al mismo tiempo sabemos que nuestra especie es sociable y que el acercamiento a los extraños se plantea de modo tan natural como el temor a ellos.[6] De otro modo, no existiría la confianza, el sentimiento básico que permite establecer lazos de convivencia entre, a primera vista, desconocidos. Considérese la ética misma. El término "ética" viene del griego *ethos*, que significa "refugio", "morada". Si atendemos a su origen, no hay ética, pues, sin que presuponga cobijo y acogida. Resultaría redundante hablar de una ética de la hospitalidad. Si es ética, ya la presupone.[7]

Escribe Plutarco, en *Las fortunas de Alejandro*: «Hemos de considerar a todos los seres humanos como conciudadanos y vecinos». En cierto modo, no es un reclamo, sino una constatación, pues sin este modo de relación ya no existiríamos como "seres humanos". Si hablamos de "humanidad", escribe Kant, es porque los humanos hacemos uso de la facultad de comunicarnos o, por lo menos, existe el sentimiento de simpatía de unos hacia otros (*Crítica del juicio*, § 60). De la confianza y las relaciones de reciprocidad surge también el imperativo moral de actuar como conciudadanos del mundo. Así, dijo algo más tarde Marco Aurelio, otro filósofo moral de la antigüedad: «Acostúmbrate a prestar atención a aquello que dicen otras personas y, en la medida de lo posible, procura entrar en su mente» (*Reflexiones*, VI, 53). Imaginarse, pues, en el lugar del otro a la hora de comunicar con él. Éste sí es un esfuerzo de imaginación ética y estética y un acto que nos hace ya cosmopolitas sin tener que recorrer mucho mundo.[8] El cosmopolitismo supone prestarse a este hábito, que no podría arraigar sin que los humanos no estuviéramos predispuestos a las relaciones de simpatía e interdependencia más allá del núcleo familiar. Sin confianza, con miedo, no puede prosperar el interés por acercarse al otro o ser hospitalario con él, que caracteriza a la personalidad cosmopolita. O menos que eso: no hay acuerdo que dure.[9]

Es fácil ser cosmopolita esperando que otros nos traten bien y nosotros sepamos no sentirnos incómodos entre ellos. Pero ya es menos fácil hacer que los otros se sientan bien cuando buscan un lugar en nuestro medio. Ésta es la prueba para saber si una ciudad y sus habitantes son o no cosmopolitas. Puede que sea una ciudad de turistas y con extranjeros residiendo en ella, pero sin una ley de asilo ni hábitos de hospitalidad no es de ninguna manera una ciudad cosmopolita, una "villa franca", abierta a refugiados e inmigrantes, como empezaron a existir en Europa durante la Edad Media. El filósofo Jacques Derrida defiende, como antes hizo Lévinas, que la ciudad digna de este mismo nombre sea siempre una "ciudad refugio", es decir hospitalaria. Si transformamos nuestras ciudades en este sentido cosmopolita, ello hará, por presión de abajo arriba –observa Derrida–, que los estados adopten a su vez medidas generales cosmopolitas. En aras de éstas, los ciudadanos deben, pues, presionar desde su ciudad refugio para que los estados se conduzcan de parecida forma cosmopolita. Sin esta cultura de la hospitalidad, que es cultura plenamente de ciudad, el estado degenera y se colapsa frente a sus súbditos.[10]

Hoy, mientras tanto, la ignorancia y el desdén hacia los extranjeros resultan ya inexcusables. No hay argumentos que puedan servir de pretexto en un mundo cada vez más interdependiente, donde se puede decir que el conocimiento de los otros pueblos es una necesidad y el convivir en la diversidad un imperativo moral. El trabajo no es, por tanto, justificar por qué tenemos deberes hacia los desconocidos, sino por qué nos los asignamos frente a los nuestros y no lo hacemos, o lo hacemos menos, frente a aquéllos. En un mundo uno, global y común, resulta poco menos que absurdo. Si hace más de dos siglos el propio Kant, al hablar del proyecto de una paz mundial permanente, ya vio claro que el cosmopolitismo, en la práctica, tenía que resumirse en una ley que fijara las "condiciones de una hospitalidad universal", hoy, seguros de que la vida, y no sólo la paz de nuestro planeta dependen de una gobernación mundial, no podemos sino reconocer que una ley de estas características es una imperiosa necesidad para todos los pueblos, no una opción moral más que considerar. La "hospitalidad universal", es decir, el cosmopolitismo traducido a lo público, ha dejado de ser un asunto moral especulativo para pasar a formar parte, aunque se haga por atrasarlo, del ámbito de las soluciones pragmáticas.

Todo a la vez: el cosmopolita es quien consigue sentirse en casa en todas partes, hacer que otros se sientan bien en su casa, y sentirse siempre extranjero en su propia casa. Con otra personalidad que la suya, implicada en el mundo y al mismo tiempo despegada de él, tendría otro género de sentimientos. Sin embargo, éstos no sólo se deben a su manera de ser. También, y muy especialmente, a su modo acostumbrado de juzgar o prejuzgar a los demás, de sentirlos o presentirlos. Los otros son la referencia clara, concreta, incontestable del cosmopolita. Cómo los ve, qué sabe de ellos, cómo acercárseles, o pasar sin ser visto, o hacer como si no les viera… El modo, en pocas palabras, de entender al otro, es el eje principal de la relación del cosmopolita con el mundo. El viaje se recupera o se echa a perder definitivamente según las amistades que nos depara o el tipo de contacto humano que no hemos podido o sabido manejar durante su transcurso. De viaje o no, la relación con los otros indicará qué tan resistente y creíble es nuestro cosmopolitismo. Lo que hacemos o no hacemos bien con nuestros vecinos y conocidos vamos a hacer probablemente igual con los desconocidos y extranjeros. Pero un cosmopolita tiene que hacer el esfuerzo y reunir la lucidez, que quizás otros no tienen, de imaginarse siempre en el lugar de los demás y abrir, así, un tipo de relación que hogareños y patriotas acostumbran a rechazar. Éstos creen que "el otro es el otro" y que no hay que darle vueltas, salvo por necesidad, a lo que representa él para nosotros, o nosotros para él. Cada uno está en su sitio y no hay que salirse del lugar.

Pero la visión del otro es diferente para el cosmopolita. Hablar del "otro", aunque se hable bien, no es lenguaje cosmopolita. No existe el puro otro, "el" otro. Existen, claro está, los otros, y a modo de abstracción, el otro, pero éste pronto deja de ser, para el cosmopolita, el ente, el mito, el prejuicio que suele ser para los que mantienen prevenciones frente a los que no son de su lugar. No hay que ser alguien especial para tratar bien a los desconocidos, pero la apertura y la relación continuada con ellos requiere de una cierta sofisticación, como la que posee, o debiera poseer, el individuo cosmopolita. Porque entender al otro significa reconstruir su mundo, y emprender tal cosa constituye un doble esfuerzo. Por un lado, es un ejercicio hermenéutico o de interpretación: hay que disponerse a interpretar lo que el otro es o hace. Por otro lado, se requiere un esfuerzo ético: hay que prestarse a respetarlo. El respeto empieza por no atribuirle a la ligera lo que el otro no es o no nos da pruebas de que sea. El ejemplo más común es ver en el extraño a un taimado rival o simplemente al enemigo. El xenófobo le reprocha siempre al "heterófilo" o amigo de los extraños: «¿Por qué te empeñas en llamar amigos a nuestros enemigos?». Respetar al otro empieza por no desfigurar su realidad, algo, en cambio, tan común, incluso en individuos que conocen más o menos bien esta realidad. El rechazo al otro no proviene siempre de la ignorancia o el prejuicio. Algunos eligen a sus enemigos.

Entender al otro significa reconstruir su mundo. Ahora bien, el otro como "reconstrucción" es algo que puede ser interpretado de muchas y bien distintas maneras. Ocurre que hoy, otra época de miedo generalizado, el otro es reconstruido erróneamente como un tercero. El otro no está ahí, ni más allá tampoco, sino a un lado muy aparte. Pertenece al "mundo de lo tercero": ni mío, ni tuyo, ni común a todos siquiera, sino de ellos. El otro es un tercero en liza entre el mundo moral del "nosotros", es decir, de los seres humanos conocidos ("yo", "tú" y cualquier particular "éste"), y el mundo moral de la "humanidad" en general, compuesto de conocidos y desconocidos, pero donde todos gozan de la respetable etiqueta general de ser, por separado, "cada uno". El otro no está en ninguno de estos grupos, ni en el concreto mundo del nosotros, ni en el más abstracto de todos los humanos, hecho con la suma de muchos "cada uno". Cualquier otro que esté en estos dos grupos será, concreto o abstracto, un otro igual. Pero el otro del grupo tercero es distinto, ni pertenece al nosotros ni a la genérica humanidad. Definitivamente es otro: el otro que pertenece al mundo amoral de lo tercero. Es el Otro con mayúscula. Nuestro miedo lo ha puesto allí, y desde allí sigue produciéndonos miedo, como fantasma de nuestra propia fantasía.

El otro siempre es alguien construido por otro. En nuestra época, también, la guerra, el terrorismo y la xenofobia contribuyen a construirlo como otro *outsider*, distante e invisible, instalado en el inquietante mundo de lo tercero, ni vecino ni congénere. Pero los viajes, la emigración y las ciudades pluriculturales han contribuido, en contrapartida, a sacarlo de esta condición terciaria y a hacerlo más próximo y visible. Asistimos, pues, al paso de un otro generalizado a un otro particularizado, aunque sea en un lento proceso de asimilación por nuestra parte. Poco a poco se va haciendo concreto, lo situamos a las puertas, o ya algo dentro, de nuestros mundos morales. Y a pesar de la fricción o el conflicto, lo vamos conociendo. Ya es algo.

Desvelada su condición humana, el otro aún sigue siendo muy distinto para muchos. Depende, una vez más, del modo en que reconstruimos su mundo. Ya no es un Otro fantasma, pero puede ser igualmente el fruto de una interpretación equivocada. Lo es, al menos, cuando lo concebimos de las dos siguientes maneras. Una es la manera egoísta, mediante la cual reconstruyo en el otro mi propio mundo, no el suyo. El otro viene a ser, en este caso, un *alter ego*, alguien hecho casi a nuestra medida y, a veces, conveniencia. Es el otro de humanistas y filántropos, de los ilustrados y compasivos que dicen: «Nada del otro me es ajeno». Se implican a fondo con él, o así empiezan a hacerlo, porque de antemano lo han configurado con sus propias características similares. Para esta visión, el otro es la recreación de uno mismo. No hace falta decir que se han acostumbrado a ella las culturas que juzgan a las demás según su propia tabla de valores.

Otra manera igualmente desenfocada de interpretar el mundo del otro es, en oposición a la anterior, la alienista, por llamarla así. Es decir, el otro es siempre un *alius* para ella. El otro nada tiene que ver con uno mismo, o se quiere que sea así. Lo que hago es reconstruir en él, al verlo o imaginarlo, un mundo que es tan ajeno a mí como a él. El *alius* es el más otro de todos los posibles, a excepción del Otro-fantasma al que ponemos al margen de toda existencia moral. Este otro en cuanto "ajeno a mí" tiene, al menos, el dudoso honor de ser motivo y objeto de nuestros estereotipos y prejuicios. Por ejemplo, al hablar de los inmigrantes o los autóctonos, extranjeros o compatriotas, integrados o marginados, fundamentalistas o infieles, y un largo etcétera de "otros", enajenados por nosotros de su realidad, sin que a cambio, como ocurre con el *alter ego*, les transfiramos algo positivo de la nuestra. Sólo les adjudicamos nuestro interés en seguir pensándolos como decididamente "otros", ajenos a nuestra reali-

dad, y sin que nos ataña la suya más allá de mantenerlos cla-
sificados como "ellos", "diferentes", "extraños". Es el otro
de todo patriota, que al revés del humanista puede repetir:
«Todo lo del otro me es ajeno». Sin embargo, y a pesar casi
siempre de su intención, ésta, la del otro como *alius*, es una
manera de concebir al otro que subsiste en la mayoría de discursos, hoy, sobre la "alteridad" y hasta sobre el "respeto a la
diferencia".

Pero el cosmopolita dice, en contraste con el patriota y el
humanista: «Todo lo del otro me es próximo». Ni ajeno a mí,
ni igual a mí, sino, casi en un término medio: "próximo" a
mí. Es, en efecto, la concepción del otro como *alter*, es decir,
el otro como prójimo, porque es otro (no soy yo en otro),
pero es "otro como yo". Un *alter*, no un *alius*, algo que ya se
distinguía en la antigüedad romana. Con el *alter* reconstruyo
en mí el mundo del otro, pero con el *alius* ya se ha dicho que
nos cerramos a este último. Ésta es la manera, pues, altruista,
la del otro como *alter*, que permite ver al otro de forma cosmopolita, sin que continuemos viéndonos a nosotros mismos
en él, ni atribuyéndole en falso sólo lo que nos interesa, aunque sea supuestamente por su bien.

13. EL MITO DE LAS IDENTIDADES CONCÉNTRICAS

Desde la Ilustración y el romanticismo, en Europa, contamos con un continuado repertorio de personajes cosmopolitas que contribuyen a definir la cultura de cada época. En la nuestra, por ejemplo, pensamos en autores como Sontag y Chomsky, Rushdie y Sen, Nair y Maalouf, Steiner y Magris, Semprún y Goytisolo, Todorov y Naipaul, Saramago e Isabel Allende, entre otros. A través de su obra y sus declaraciones, con el apoyo de la prensa y de muchos seguidores, se nos presentan con el don y el privilegio de poder mirar por encima de los particularismos y hablarnos en nombre de la humanidad.[1]

Todos son "intelectuales cosmopolitas", pero lo mismo que ocurre con el resto de cosmopolitas del mundo, cada uno concibe y expresa su condición cosmopolita de una manera distinta a la de los demás. Son portavoces del mundo, pero todos ellos juntos en una rueda de prensa nos darían imágenes muy variadas, y hasta contrapuestas, de este mundo al que, sin duda, representan, por su compromiso con él, a diferencia de quienes ignoran lo que ocurre más allá de su país o su cultura. ¿En qué piensa espontáneamente el cosmopolita cuando piensa el mundo? ¿Y en qué piensa cuando lo hace en su propia manera de pensarlo, la cosmopolita?

Antes que ofrecer respuestas explícitas e ideas generales el cosmopolita nos suministra imágenes, metáforas y, a su modo, mitos, sobre cómo se representa espontáneamente el mundo. Cuando pensamos en éste lo hacemos, en una palabra, con *figuras* referidas al territorio y a la lealtad hacia lo que es y significa, en sus múltiples niveles de lo cercano y local a lo distante y global. Esas figuras suelen ser, en nuestra imaginación, lineales o volumétricas, pero siempre regulares y cerradas, evitando, además, los ángulos rectos. Nos referimos, así, a los "círculos" de la identidad territorial y, con ellos, a las "esferas" de lealtad hacia los elementos figurados en estos círculos.

Lo más sencillo es figurarse la identidad cosmopolita como un círculo vacío. Ya se encarga, por su cuenta, el patriotismo de pensarse como un círculo compacto y bien abastecido: fronteras delimitadas, historia exclusiva, gente unida, instituciones y símbolos aglutinantes. Familia, pueblo, patria, no se permiten vacíos ni ambigüedades. Su plenitud es desbordante. El trabajo es esponjarla de vez en cuando, y contenerla, siempre. Al contrario, muchos piensan que ser ciudadano del mundo es como estar dispuesto a vivir, extrañamente, en una esfera vacía de identidad y de vínculos de lealtad. A veces los propios cosmopolitas alimentan este mito sobre la idea o el sentimiento de que están o deben estar desligados de la identificación y las obligaciones territoriales. El mundo, la cosmópolis, viene a ser, en su representación, un espacio grande y sin identidad, un *nowhere* o "no-lugar", en el que cabemos todos de sobra. Creen que éste no es el caso de los lugares de menor escala, como la aldea, la provincia o el propio Estado nacional, donde el todo mantiene a presión la suma de las partes. El mundo como no-lugar nos libra de esta compresión. Se celebran, así, los lugares transfronterizos, de pasaje, encuentro casual, cita extemporánea. A la pregunta "¿Dónde está tu casa?" reaccionamos con desconcierto, y para salir del paso, respondemos que "en ninguna parte en especial". Algunos la situarían en algún "no-lugar" real: un aeropuerto, un hotel, una zona de servicios en una ciudad sin historia.[2]

Hay, en efecto, algunos "no-lugares" que ya no están fuera de lugar y albergan cada vez a más gente, cosmopolitas incluidos, esos que adoran los espacios interurbanos y las regiones de intersección, las cafeterías amplias y desamparadas o las autopistas interminables. Este mundo prometido a la individualidad viajera y solitaria existe en muchas partes. Pero, aun así, es incompleto, y en cierta manera imposible, porque hay que atravesarlo todavía con pasaporte y bastante dinero en el bolsillo, vínculos y documentos de lugar. Y, en otro sentido, es a veces un mundo indeseable, incluso para los cosmopolitas, como cuando se tiene la condición real de apátrida o refugiado, y uno sc encuentra en algún lado sin permiso ni para ir ni para volver a parte alguna, expatriado y anónimo de necesidad.[3] Decenas de miles de personas se vieron en esta angustiosa situación de sinpatria (*Heimatlosen*) al querer escapar de la España de Franco y de la Alemania de Hitler.[4] Es un tipo de "no-lugar", entonces en Francia y Portugal, respectivamente, pero hoy en tantas otras partes, con cientos de miles de refugiados y emigrantes que se amontonan ahí. Son lugares que sólo pueden ser llamados con cinismo "cosmopolitas". La persona más refractaria al patriotismo maldice en esta circunstancia la ausencia de miradas y preguntas de otros o la falta de algún rincón con nombre e historia para tratar de sentirse uno en el espacio y el tiempo. Y es que la patria o mundo del cosmopolita no es un lugar concreto, pero tampoco es un mundo sin cultura local. Su mundo es el lugar más grande, el "lugar común", donde tienen cabida todas las culturas locales, y no una, o ninguna. El mundo cosmopolita no es una esfera vacía de identidad ni de vínculos de vida y convivencia.

El mito más común a propósito del cosmopolitismo es pensar que la patria y el mundo constituyen dos esferas distintas y opuestas entre sí, en cuanto a la identidad territorial y a las respectivas formas de lealtad. Así lo ven tanto los que se tienen por cosmopolitas como sus contrarios, los apegados al hogar y la tierra. Desde el punto de vista de los primeros, en una esfera se encuentra la identidad "en grande", sin estrecheces locales ni particularismos. Es la esfera de lo mundial, global, universal, ciudadano, público, laico, liberal o republicano. En la otra, la esfera de las pequeñas identidades, la "identidad", se emplaza lo provincial, local, particular, comunitario o tribal, privado, religioso, nacionalista o conservador. La confrontación no puede estar más polarizada.

En Occidente esta antítesis se debe al primer romanticismo europeo, justo antes de la eclosión de los nacionalismos liberales, cuando espíritu y ciudad, pueblo y humanidad, cultura y Estado, eran concebidos como parejas de contrarios. En la misma *Bildung* o educación ve Hegel el antagonismo entre el pueblo y la cultura, de un lado, y la humanidad y la civilización, de otro. En parecidos términos, un destacado filósofo moral inglés, Henry Sidgwick, ve en la política la oposición entre el ideal nacional y el cosmopolita.[5] Meinecke, teórico alemán del propio cosmopolitismo, observa, todavía, que dentro de la nación compiten un modelo de política según la cultura y otro con referencia a las instituciones estatales.

Pero éstas y similares no son visiones románticas o idealistas del pasado. Algunos teóricos contemporáneos de la ciudadanía, como Habermas y Rawls, y de la nacionalidad, como Gellner y Miller, continúan estableciendo la oposición entre el mundo republicano y cosmopolita, de un lado, y el de las identidades nacionalistas y étnicas, de otro, un mundo anclado aún, les parece, en la naturaleza. «Un hombre

–escribe Gellner– debe tener una nacionalidad, de la misma manera que debe tener una nariz y dos orejas». A la identidad nacional se la "naturaliza", así, más de la cuenta[6]. El patriotismo, por consiguiente, debe ser "constitucional", no nacionalista, y el nacionalismo ha de ser "cívico", no étnico, es decir, tarea y asunto del Estado, que lo hace suyo, al tiempo que lo libra de los atavismos y contingencias particularistas.[7] Nación y patria se "construyen", en resumen, desde arriba, el Estado, que las salva de lo étnico y localista. Ante todas estas características particulares de la cultura, el Estado debe actuar con fría imparcialidad, "ciego a las diferencias", para no dejarse influir por ellas, pues pertenecen a una esfera opuesta de la realidad social. En general, el resto de cosmopolitas piensan hoy de manera muy parecida. Mundo y patria se repelen y nunca se encontrarán. Ni existen transiciones entre ambos. Constituyen dos esferas opuestas. Cuando se es leal a una, no se puede serlo a la otra. Necesariamente, se piensa, habrá un conflicto de lealtades. Si uno es liberal, afirma Anthony Appiah, lo más consecuente con ello es que sea también cosmopolita, no patriota.[8]

Desde luego, la lealtad patriótica y la cosmopolita son distintas, no pertenecen al mismo círculo. Su significación y sentido son, a veces, excluyentes entre sí, y más veces son heterogéneos, incomparables de uno a otro círculo. Pero eso no nos obliga a pensar que el cosmopolitismo se oponga siempre y de forma total al patriotismo y a otras clases de identidad política o cultural asociadas al territorio. No representan esferas contrapuestas.

En primer lugar, y yendo de los hechos a los principios, no son esferas opuestas entre sí porque ya no existe lo mero "local", ni se puede sostener, mientras tanto, que exista lo puro "global". La creciente interdependencia y comunicación mundiales hace que lo uno no se dé sin lo otro. Lo global se asienta todavía en lo local. Se produce y consume en alguna parte, no en un universo vacío, imposible, sin duda, en la cultura. Además, lo global vive también de jugar al contraste con lo local. Y lo local, a su vez, ya no se contiene ni se contenta con lo suyo. Lo "local" ya no existe ni para los localistas.[9] Cada pueblo y grupo nacional se van haciendo más presentes en el mundo y esperan sacar ventajas de esa salida al exterior, aun con este tributo pagado al cosmopolitismo. Unas veces pierden con ello, si son incapaces de resistirse a la uniformidad de creencias y hábitos que supone la globalización, en la forma conducida hoy por el capitalismo y por su ideología, el globalismo neoliberal. Pero otras veces se aprovechan de las nuevas interdependencias, especialmente de las redes informáticas y de telecomunicación, para reclamar el interés y la protección del resto de países o de comunidades. Cualquier intento de querer limitar estas redes a las fronteras nacionales está condenado al fracaso. Marx ya predijo que no sería el capitalismo, en cuanto modo de producción económica, el que acabaría con las nacionalidades. Éstas persisten hoy como formas culturales, a pesar del pronóstico contrario de su compañero Engels, que las veía como meros "monumentos etnográficos".

Pero además de los hechos cuentan los elementos éticos y políticos de principio. Desde un punto de vista moral, la lealtad al mundo y al propio país son, en cierto modo, posibles a la vez. Basta con proponérselo, y no se opondrán tanto una a la otra. En determinados casos habrá que pronunciarse por una de las dos, pero en la mayoría de situaciones y circunstancias nada impide, sino, al contrario, todo pide que cada uno asuma que tiene vínculos, deberes y responsabilidades con las personas de otros países y no sólo con sus conciudadanos. Se trata de un imperativo avalado desde siempre por hechos y razones, pero con el grado de interacción y dependencias hoy en aumento resulta, cada vez más, un principio evidente por sí mismo. Es absurdo, pues, pensar que sólo se tienen obligaciones con los nuestros y no con los desconocidos, o al revés, con los extraños y no con quienes convivimos más estrechamente.

Un patriotismo radical y exclusivo es tan insostenible como, a la inversa, un cosmopolitismo radical y exacerbado. Lo más razonable es evitar estos extremos y reconocer las transiciones entre una y otra esfera de la ciudadanía, la nacional y la cosmopolita, con sus respectivos conjuntos de deberes y derechos. Así, el patriotismo convencional se apunta, en caso de conflicto, a la preferencia por los conciudadanos, pero no elude del todo pensar en los extranjeros. Lo que hace, a su vez, el cosmopolitismo convencional, pero invirtiendo los términos: primero son los seres humanos en general y, después, nuestro inmediato prójimo. Aunque la transición entre ambas esferas de la lealtad puede llegar a comprender tanto aspectos de una como de otra. No es frecuente, pero el patriotismo complementario considera al mismo nivel la importancia de las obligaciones nacionales y la de las internacionales. Y, por su parte, el cosmopolitismo complementario admite que se puede ser leal al mundo y al país simultáneamente. Por último, y en un grado mayor aún de coincidencia entre lo mundial y lo nacional, el cosmopatriotismo, por ejemplo el de algunos republicanos, mantiene que el cosmopolitismo viene a ser como un patriotismo "en grande", pero referido ya al mundo. Y, en contrapartida, el patriocosmopolitismo, característico de algunos nacionalistas liberales o democráticos, sostiene que el patriotismo representa una especie de cosmopolitismo o amor al mundo "en pequeño", concentrado en lo nacional. En cualquier caso, se trata, hasta aquí, de posiciones frente a la identidad territorial que eluden la relación de lo cosmopolita con lo patriótico como si de dos círculos opuestos estuviéramos hablando.

Otro error, a propósito del cosmopolitismo, es pensar que las identidades territoriales se organizan en círculos concéntricos: de lo local, los círculos más cercanos al centro, a lo global, conforme nos alejamos de este punto. Así, uno puede identificarse y ser fiel con lo familiar y doméstico, pero también, en círculos alrededor, con lo vecinal y ciudadano, lo nacional y patriótico, y por último, con los amigos y toda la gente que pertenece a nuestro mundo de valores e intereses. Aquí concluía un clásico como Aristóteles su esquema de las identidades concéntricas, del ciudadano a su entorno cultural, y que culminan, según él, en la *polis*, la ciudad de todos, a pesar de las diferencias de origen. Otros muchos pensadores le han seguido después. Coinciden con el curso de la evolución humana: de la autonomía familiar se ha ido pasando a los grupos locales, unidos por otros lazos diferentes de la sangre, y de ahí a las sociedades políticas mayores.[10] Cicerón y algunos filósofos antiguos, hasta el republicanismo moderno, persisten en este esquema de la comunidad política como una sucesión de círculos expansivos. El buen ciudadano debe empezar por ser responsable de sí mismo y atender primero a los que están en sus círculos de relación más cercanos. La obligación disminuye frente a los que tenemos más lejos. Han pensado así, entre otros autores occidentales, Herder y Fichte, Sidgwick y Durkheim, Walzer y Singer, Rorty y Kristeva.[11] El amor a la humanidad no puede saltar por encima de los círculos en que cada uno opera y ha de tener en cuenta la escala de obligaciones con lo que cada uno de estos círculos, del yo a la especie, representa y demanda.

Pero Diógenes, Zenón y los antiguos estoicos añaden un círculo nuevo a este esquema: el mundo como ciudad universal, la ciudad de los cosmopolitas, donde griegos y bárbaros, autóctonos y forasteros se igualan. Y, en cierta manera, subvierten el orden del esquema preexistente, al proclamar que el deber moral hacia el prójimo no disminuye con la distancia.[12] Incluso hay que ver este orden al revés: que el compromiso es, primero, con todo el mundo, el cual incluye a los compatriotas. Recordemos de nuevo al emperador-filósofo Marco Aurelio en sus *Reflexiones* (VI, 44): «Mi ciudad y mi patria, en la medida que soy Antonino, es Roma, pero en la medida que soy hombre, es el mundo». En la frase se incluyen la persona, la familia, la ciudad, el país, el género humano, el mundo; pero se dice que la patria del hombre es el mundo. El cosmopolitismo es imaginación desde el primer momento: añade otro y definitivo círculo al esquema de los círculos expansivos de la identidad. Si todos somos seres libres y racionales, todos habitamos un mundo igual que sobrepasa el de nuestras fronteras de acuerdo con otros distintivos de la identidad. Kant y parte del cosmopolitismo republicano, hasta la actualidad, se han sustentado en esta visión racionalista del sujeto y el mundo social. La filósofa norteamericana Martha Nussbaum solicita una "educación cosmopolita" basada en estos principios heredados del antiguo estoicismo, de forma que sus conciudadanos no tengan que elegir entre la lealtad nacional y la solidaridad con el resto del mundo.[13]

No obstante, es posible que la mayor recuperación del viejo esquema de las identidades concéntricas se deba al nacionalismo europeo del siglo XIX, dejado atrás el primer empuje liberal y romántico, y sirviéndose de los rescoldos de éste para alimentar la configuración de los estados nacionales en la forma que conocemos hasta hoy. El Estado nacional promueve un tipo de patriotismo que nos dispone a ver el país como un contenedor del destino del mundo y no como un mero ente particular. Así lo plantean los primeros nacionalismos europeos, que reivindican la patria y la humanidad a la vez, la deuda con el país y también con la libertad en general. La concepción nacionalista se hará indisociable de este género de sentimientos. Escribe Mazzini, en su texto *Europa*, de 1852: «La cuestión de las nacionalidades, puesta correctamente, es la de la alianza de los pueblos». En el plano de las ideas y las declaraciones, por lo menos, el nacionalismo del siglo XIX, exportado pronto a la América Latina, no ve contradicción entre ser patriota y ser cosmopolita, porque el destino de la nación mira al mundo. «El mejor sentimiento nacional alemán –afirma Meinecke– también incluye el ideal cosmopolita de una humanidad más allá de la nacionalidad».[14] Las citas son incontables. Habrán servido, dicho sea de paso, para dar consistencia, después, a los movimientos anticoloniales del siglo XX, pero también, por desgracia, a los totalitarismos que los precedieron.

En resumen, estamos ante un nacionalismo que se ve a sí mismo como consagrado al mundo. Según él, el Estado recoge y difunde lo mejor de lo universal. Representa el *non plus ultra* del círculo cosmopolita y, a la vez, el respeto a todos los círculos menores –la persona, el país, la raza– que no nos podemos saltar. Las identidades, viene a recordarnos, son concéntricas: individuo y familia en el núcleo, sociedad y Estado en el cuerpo legal central, y valores universales, como cultura y civilización, en la capa que envuelve a todo este globo y que el nuevo Estado nacional se ceñirá tantas veces como justificación y coartada, según le convenga. En teoría, también, se puede ser cosmopolita con este esquema a la vista. Nos acercaríamos al "patriocosmopolitismo" antes mencionado. Pues es fácil firmar por el mundo mientras se pongan primero los intereses de la nación.

Cosmopolitas o no, este planteamiento figurado de la identidad territorial, en la escala que lleva del individuo al mundo, es posible que sea hoy el mito públicamente más aceptado en torno a la relación entre sí de los círculos de la identidad. No obstante, imaginar estos círculos en disposición concéntrica es tan arbitrario como poco favorable a cualquiera de las identidades entrelazadas de este modo. Suponiendo que éstas sean parecidas a esferas o círculos, nada especial, en la realidad, nos hace pensar que sean tan autónomas y a la vez encajables entre sí, y ni mucho menos que estén ordenadas en forma concéntrica. La experiencia es, en cambio, que la identidad constituye una suma de identidades heterogéneas y sin un centro dominante. Todas, en su diversidad, se entrelazan y rechazan al mismo tiempo, en la disputa por un centro que nunca es el mismo ni igual para todos los individuos. Ante el cosmopolitismo no hay identidades en círculos concéntricos. La idea de "centro" no es cosmopolita. Además, la relación círculo mayor/círculo menor, como las de conjunto/subconjunto y, en general, todo/parte, no son la mejor analogía para comprender la relación entre lo global y lo local. Porque esta visión en círculos concéntricos desfavorece, de entrada, al patriotismo, al hacerlo pequeño y limitado, pero igualmente al cosmopolitismo, por situarlo en el círculo de fuera, enajenado de lo particular y en contacto ya con el vacío exterior, la nada. Cuando, de hecho, el cosmopolitismo es suma y relación de muchas partes entre sí. Todo lo que necesitamos es aprender a hacer compatibles entre sí estas partes e identidades, y a gozar, en lo posible, de ello. De lo contrario, ni tenemos en cuenta el despliegue real de la identidad, ni mostramos demasiado respeto por sus variados componentes, al ordenar unos como centrales y otros como periféricos. A los efectos de la identidad, todos pesan lo mismo. No hay unos más densos o "importantes" que otros. Hay relevancia en el tiempo, no en la distancia.[15]

Queda otra figura con la que imaginar la identidad cosmopolita. Consiste en pensar el mundo como un círculo en expansión hacia el infinito, ya más cerca, así, de una línea recta que de una figura curva. Algunos viven de tal forma su vocación cosmopolita, con la ambición de participar del extralímite absoluto: de un mundo infinito. Lógicamente eso es criticado por los patriotas, pero a veces no son los más indicados para hacer esta acusación. Porque la ambición de infinito es también una característica del nacionalismo expansivo. Sin excepción los imperios han llegado a creer que en sus dominios vive todo aquello que puede vivir, que nunca se pone el sol y tampoco transcurre el tiempo en ellos. Se creen interminables, además de indestructibles. Por otra parte, y aunque el número de habitantes de la tierra sea siempre finito, los partidarios de lo doméstico y patriótico suelen dar por descontado que la posibilidad de establecer divisiones en este número finito es, sin embargo, infinita. Tanta es su complacencia en lo bien delimitado y familiar. Reconocen que sólo hay un mundo, pero muchas, ilimitadas divisiones posibles en él, como el número de clubes en cualquier mediana ciudad o el de vínculos entre usuarios en el vasto espacio digital. He aquí que todos juntos pueden hacer realidad el célebre y enigmático teorema de Cantor sobre el infinito: que el número de conjuntos de cosas es superior al número mismo de cosas. El tema del infinito fue tabú en matemáticas hasta la llegada de este teorema. Antes, y como dijo Gauss, sólo había sido "un modo de hablar". Tiene que pasar lo mismo con el mítico círculo infinito que es el mundo para algunos cosmopolitas. Esperemos, no obstante, que a éstos no les suceda lo mismo que a Cantor, cuyos enemigos le fastidiaron hasta tal punto que murió en un sanatorio.

El concepto de infinito puede tener, en efecto, una interpretación matemática: es lo "interminable", aquello que nunca dejaríamos de contar. O filosófica: es lo "indefinible". Y hasta estética: lo "inabarcable", sublime. Pero el infinito cosmopolita no puede apuntar a nada de eso. El ciudadano del mundo quiere que el club mundo sea el menos exclusivo de los clubes, por ser uno solo, y al que todos puedan pertenecer, no como los clubes particulares de Iglesias o partidos, culturas étnicas o naciones. Tiende a perseguir un mundo tan abierto como la línea recta del horizonte, un mundo infinito. Pero pronto tiene que darse cuenta de que este "más abierto" de los mundos es, y ha de querer ser, el "más finito". Se refiere al conjunto actual del mundo, tanto en su unidad como en su pluralidad. Por lo tanto, a un mundo que puede proponerse ser, sin contradicción, contabilizable, definible, y capaz de ser abarcado con nuestro conocimiento directo o indirecto. Y cuanto más lo conocemos, menos "infinito" nos resulta este mundo. Como el Aleph de Borges, es un punto en el espacio infinito, pero que contiene todos los puntos posibles. La figura del infinito es, pues, otro mito del cosmopolitismo.

Lo que más se parece al infinito en un cosmopolita es su mundo interior. Si se siente extranjero en casa, pero en casa en todas partes, es por su yo proteico o de caras ilimitadas. Parece nacido también bajo el signo de Proteo, el héroe de las mil facetas. Para qué arraigar en un lugar, si con todos se identifica; o concentrarse en una sola lengua y cultura, si se pueden conocer más; o morir por una idea, si se puede vivir para muchas. No es el movimiento, sin más, su fin. Ni el cambio por el cambio. La vida inquieta e insatisfecha que caracteriza al cosmopolita tampoco es su vida electiva. Todo lo que le mueve es con el fin de percibirse existir, en las óptimas condiciones para razonar y sentir que le ofrece el contacto con lo nuevo y heterogéneo.

El cosmopolita, pues, no construye su identidad por acumulación, sino, mejor, por eliminación, conforme al cambio de lugar y la apertura a nuevas experiencias. Éstas le inducen a renovar su vida y al mismo tiempo a ir adueñándose de ella

por la libertad. "Mundificar" (del latín *mundus*, "limpio")
significa pulir y aquilatar, que es lo que hace con su identidad quien corre mundo, aun a costa de ponerla tan constantemente a prueba en el mundo extrafamiliar. El resultado, a
cada momento, no es la posesión de un carácter o una cultura "híbridos", que muchos asocian con el yo cosmopolita.[16]
Al contrario, es un cuerpo que se va puliendo como un canto
rodado y recoge todas las tonalidades del agua.

14. LA FIDELIDAD AL PAISAJE

Un cosmopolita no es un patriota. Por elemental coherencia, y, antes que eso, por vocación. Pero no por ello se desentiende, ni puede desligarse del todo, de lo patriótico. El tema de este capítulo es recordar que el cosmopolitismo puede incluir el respeto a un cierto patriotismo: aquel que no es excluyente y, además, se limita al vínculo meramente personal con la tierra o la comunidad. Sólo es compatible con éste, no con el patriotismo fomentado por las creencias del arraigo territorial, sean o no políticas, como sucede con el nacionalismo. En otras palabras, un cosmopolita no tiene por qué renunciar al patriotismo doméstico.

Queriéndolo o no, el cosmopolitismo hace que nos replanteemos la mentalidad patriótica. La patria, para los antiguos romanos, indicaba el país de los padres (en griego, *patròs* significa "padre"). Pero ya entonces eran muchas las fuerzas que se conjuraban en la llamada patriótica: lo paterno y patriarcal; lo patrio y territorial; lo patronal y doméstico; lo patrimonial y familiar. Son fuerzas que actúan hasta hoy y vienen a corresponderse con las ancestrales instituciones que ayudaron, desde el Neolítico, al paso de la microeconomía familiar y tribal a la integración económica suprafamiliar. Son, respectivamente, el orden del linaje, el *genus*; la cultura de la *pars* o tierra acotada; la religión y moral del *domus*, la casa; y el orden de la propiedad familiar, el *patrimonium*.

Es evidente que casi todos estos aspectos relativos a la patria son rechazables desde un punto de vista cosmopolita. Se comprende la exclamación de Rimbaud en *Una temporada en el infierno*: «*J'ai horreur de la patrie*». Para algunas sensibilidades, la patria representa demasiada concentración de fuerzas oscuras en un trozo de tierra y un grupo de gente como hay otros tantos trozos y grupos alrededor. Con todo, las mejores observaciones sobre el patriotismo no provienen de los patriotas ni de los antipatriotas, sino de los cosmopolitas que no son ni una cosa ni otra. Desde su observatorio apatriótico pueden permitirse contabilizar las diversas formas que adopta el patriotismo y analizar sus causas y contradicciones. Y hasta pueden permitirse, aunque no sea nada frecuente, contraponer a un cosmopolitismo apátrida otro que sea en algún sentido "pátrida", es decir, abierto a alguna de las características del patriotismo en general, y no más que éstas, las que lo hagan compatible con una visión cosmopolita.

Decía Carlyle, a mediados del siglo XIX, que quien busca ser ciudadano del mundo es porque no ha sentido las emociones del hogar. Pero ¿qué es el *old home feeling* al que se refería este escritor inglés? Al aterrizar, en octubre de 2003, en el aeropuerto de San Francisco, tomé una furgoneta que me debía llevar a Berkeley. En ella viajaba también un matrimonio filipino de cierta edad que se dirigía a Alameda, un poco antes de mi destino. El hecho es que para alcanzar su domicilio tuvimos que dar numerosas vueltas por calles y suburbios con casas unifamiliares muy parecidas entre sí y nada destacable en el horizonte. Para consumar el monótono paisaje, apenas vimos a nadie durante el recorrido. Pero al detenerse el vehículo ante el jardincillo de su casa, por cierto igual a las demás, la mujer suspiró: «*Home, sweet home!*», y su acompañante repitió, feliz, las palabras en voz baja. Dudo que yo hubiera soportado más de una semana allí, pero me di cuenta de lo personal y subjetivo de ese *old home feeling* que Carlyle veía igual para la mayoría de la gente. No obstante, debe ser precisamente un cosmopolita quien mejor se preste a entender aquellas razones de los otros que su razón no comprenda. Puede y debe entender que hay muchas clases de patriotismo y de sentimientos domésticos, y hasta tiene que admitir, aunque él o ella no lo comparta, que hay alguna de estas emociones compatible con el hecho de ser cosmopolita. La ciudadanía del mundo tendrá muy pocos adeptos si empieza por pedir que nos olvidemos de lo local. Es como la religión, el arte o la moda hoy: no han nacido para ser nacionales, pero tampoco pueden olvidar que sus seguidores tienen nacionalidad o sentimientos de lo local.

Hay quien, en cambio, piensa que ser cosmopolita es estar liberado de toda "idiosincrasia". Es verdad que tiene que rechazar todas las idiosincrasias que impidan tener una visión abierta del mundo y ejercer la libertad por encima de los apegos indeseados. Pero ser cosmopolita es adoptar otra identidad, aunque menos cerrada que las demás, y parte de esta nueva identidad va a consistir en reevaluar las que se dejan atrás. Unas, para olvidarse de ellas; otras, para ponerlas en perspectiva y a buena distancia. Pero también, no pocas, para continuar, aun sin quererlo así, pendientes de ellas, incluso rindiéndoles nuestro homenaje por vía indirecta, en especial cuando otorgamos más sentido original y vernáculo de la cuenta a las identidades que rechazamos. Éstas deberían agradecer a sus adversarios este otorgamiento gratuito de "autenticidad" o plenitud de sus caracteres individuales. El localismo se construye en el imaginario, pero aún más en el de los cosmopolitas. Por último, aunque menos veces, la reformulación de las idiosincrasias por parte del cosmopolitismo puede llevar, sin contradicción, a que éste redescubra y adopte algunas de ellas.[1] Lo cual es consistente con el hecho mismo de abrirse al mundo y aprender a valorar sus contrastes. Viajar lleva de suyo el volver a valorar el lugar de donde uno ha partido.

En inglés se habla de lo *not-homelike* y en alemán de lo *Unheimlich* para referirse a lo que nos provoca desprotección y extrañeza, aquello que nos saca de cuajo de nuestro contacto con la tierra y lo familiar. Pero ser cosmopolita debe servir, por lo menos, para conocer estos sentimientos y hacer que nadie que se quiera ciudadano del mundo tenga que sufrir por perder sus vínculos familiares y locales. Ser cosmopolita no exige cortar las propias raíces, sino aprender a vivir sin estar atado a ellas. Una vez asumido esto, es posible un cosmopolitismo no desarraigado, con toma de tierra, para no sentirnos expulsados con él de nuestro mínimo baluarte de la memoria. Hemos de esperar de los cosmopolitas, y no de los propios patriotas, la constatación de que el patriotismo y los lazos con el pasado no son siempre moralmente irrelevantes. Porque nacer, o crecer, o tener los hijos en un lugar, y que a partir de ahí se genere tal o cual historia personal y familiar, todo esto no es un hecho contingente, una peripecia insignificante en el conjunto de la humanidad.

Los atributos que el cosmopolitismo niega no son siempre "accidentales". En un sentido cósmico sí fue un accidente nacer, por ejemplo, en Puebla, Calahorra o Kuala Lumpur, pero esta humilde realidad es esencial para el individuo nacido en no importa cuál sea el lugar. No se puede decir que el lugar donde hemos nacido o estamos viviendo sea un accidente en la vida, y por lo tanto constituyan un hecho sin relevancia moral. De este modo, deberíamos admitir también que el ser humano es por sí mismo otro accidente. ¿Por qué el venir al mundo no es "insignificante", si todo lo que nos encontramos al nacer es declarado accidental, sin trascendencia más allá de lo particular o local? Justo estos fenómenos constituyen el suelo y la savia de la moral y la política. Presuponen que no es fortuito ni insignificante tener un cuerpo, unos apellidos, un lugar donde se mora, o un lugar que se busca. No se puede trivializar ninguna pertenencia, aunque queramos desprendernos de algunas. De nuestro nacimiento y biografía no nos podemos deshacer. Viajan con nosotros, como la sombra acompaña al caminante, por más que éste la rehuya. Además, al caminar todo cambia a nuestro alrededor, excepto esta sombra que a toda hora proyectamos.

«Uno no puede dejar de haber estado donde ha estado. Eso tan sencillo es lo que constituye el misterio de la eternidad de cada instante», dice, en sus propias palabras, la placa que recuerda el domicilio del filósofo Vladimir Jankelevitch, frente a la isla de San Luis, en París. Son palabras válidas para los patriotas, con su acumulación de eternos instantes de patriotismo, pero también para cosmopolitas, como el propio filósofo, que no pueden hacer desaparecer los lugares donde estuvieron y los instantes de eternidad derivados de cualquiera de sus permanencias. Para unos y otros no se puede borrar la memoria, poblada de experiencias de lugar y parentesco, que lo son, con los años, de tiempo y sentimentalidad. También dijo otra extranjera en la capital de Francia, la escritora Gertrude Stein: «América es mi país y París mi ciudad natal». Porque entendía, conocedora de los trazos que escribe la memoria aun en la persona menos dada a recordar, que todos viajamos con nuestras raíces, y que éstas quizás no deben ser gran cosa cuando no las podemos transportar.

El filósofo Zenón, uno de los primeros cosmopolitas, no negó nunca ser de Citio, en la actual isla de Chipre. «Como fue –cuenta de él Diógenes Laercio– uno de los cooperantes de la restauración de los baños públicos de Atenas, se grabó en la estela: "Zenón el filósofo", pero él reclamó que se añadiera "de Citio".» Algo de eso ocurre hoy con artistas y escritores que usan direcciones de correo electrónico sin indicativo nacional, para sugerir que ellos o ellas pertenecen al mundo global, pero gustan incluir en su obra o pensamiento referencias a lo local y no protestan cuando se les recuerda su origen nacional. Y ya para redondear los ejemplos, pensemos en el caso paradigmático de Sócrates. Cicerón, en sus *Tusculanas* (V, 37), lo califica de cosmopolita, y desde entonces siempre se le ha atribuido este adjetivo al pensador griego. Pero todos los testimonios directos lo señalan como alguien muy identificado con el *nómos póleos* de Atenas, las leyes y costumbres, incluidas las religiosas, de su ciudad natal, de la que no escapó ni para librarse de una injusta condena a muerte.[2]

Las identidades que rechaza el cosmopolitismo moderno no son tampoco accidentes o cualidades irrelevantes. Si es un hecho contingente haber nacido en Atenas o Citio, o en Dublín o Singapur, también lo es haber nacido en la Tierra, o el hecho episódico mismo de existir, en lugar de no existir. Aunque lo más usual y fácil sea oponer lo global a lo local, lo universal a lo particular, la verdad es que muchos particularismos son esenciales, no accidentales, y ellos mismos representan la posibilidad, no la imposibilidad, de la visión universal y cosmopolita. También la paloma –recuerda Kant en un célebre pasaje– podría pensar que el aire le impide batir más fuerte sus alas, cuando es el propio aire lo que le permite volar. Por eso, y en alusión a otro clásico, la frase «Los trabajadores no tienen patria», en el *Manifiesto comunista* de Marx y Engels, no se refiere a ese mundo de recuerdos y vínculos sobre el cual nos apoyamos, sino a la patria en el sentido nacionalista de la palabra, idea fomentada por la burguesía para generar lealtad a su Estado. De una forma u otra, el pensamiento político occidental, desde la época de Cicerón, ha venido a constatar esta diferencia entre la patria del nacimiento y de la cultura, a menudo adscrita a un "estado de naturaleza", y otra que representa a la sociedad política, alternándose la primacía de una u otra.

Desde una perspectiva cosmopolita es posible distinguir al menos dos clases esenciales de patriotismo. La moderna, desde la Revolución Francesa, destaca que los sentimientos de uno hacia su país se deben a la filiación política, la cual se fortalece con aquéllos. Se trata del patriotismo nacional o político, el que hace que uno se sienta en deuda, a la vez que orgulloso, con su comunidad política. No puede imaginarse otra forma de vínculo con ella, ni menos fuera de su comunidad. Escribe Aristóteles: «El hombre que se encuentra aislado no es parte de la ciudad, y ha de ser una bestia o un dios» (*Política*, 1253 a). Se entiende que esta pertenencia al país, pese a registrarse en términos políticos, es, pues, natural, como tener una madre o disponer de un lecho para dormir. Nada extraño, entonces, que ese vínculo esencial con la patria asuma características religiosas: hay que rendir culto a la patria y, si cabe, dar la vida por ella, como la daríamos por una madre o el pan de los hijos. Es conocido el verso de Horacio: «*Dulce et decorum est pro patria mori*». La recompensa es el alto honor de haber sido sacrificado en el *ara patriae*, el altar de la patria. Y cuántos millones de jóvenes han llegado a sacrificar su vida por patrias que hoy ya no existen. La religión de Estado, aclamada sin ambages por Rousseau como "religión civil", descansa en esta firmeza del culto patriótico, por cuya continuidad velaban, en la antigua Roma, los *penates* o dioses protectores del estado, y en buena medida continúan haciéndolo hoy, en los estados nacionales, las instituciones políticas y todos los medios de prensa y propaganda a su alrededor. Ayudados, todo hay que decir, por las selecciones deportivas y las asociaciones patrióticas de defensa del patrimonio cultural o natural de cada país.

El patriotismo nacional pide amor a la patria, pero considerada ésta como nación. El "país" al que alude es el Estado nacional, o una nacionalidad sin Estado propio, pero en cualquier caso es el país identificado con la nación en sentido político. Por ello es un patriotismo que supone un constante

ejercicio de la imaginación. Para ser patriota hay que dibujar
en la mente un territorio, evocar hitos de la historia, poseer
una cierta imagen del Estado y de sus instituciones, pensar
que nuestros representantes son mejores de lo que aparentan,
y creernos que miles o millones de individuos formamos un
solo cuerpo nacional. Constantemente hay que representarse
la realidad del país más allá de lo que vemos o lo que sabemos de él por medios indirectos. Casi todos los sentimientos
patrióticos habituales presuponen, pues, bastante imaginación
en cuanto a la pertenencia nacional. Pero también requieren
una importante dosis de renuncia para que esta capacidad de
imaginar se abra paso con facilidad. Me refiero a la renuncia
de la memoria, tanto personal como colectiva. Anclados en el
recuerdo, arraigados en nuestra tierra o cultura de origen, no
podríamos casi nunca entrar a formar parte de la comunidad
que insiste en que hemos de compartir una cultura política
común, sean cuales sean nuestros antecedentes biográficos,
nacionales o étnicos. El ensayista francés Ernest Renan dijo
en una conferencia de 1882: «El olvido, y hasta diría que el
error histórico, es un factor esencial en la creación de una
nación, y por eso el progreso de los estudios históricos es a
menudo un peligro para la nacionalidad». En una palabra, la
amnesia es la condición primordial para abrazar la religión
del Estado y poner en práctica nuestra imaginación sobre lo
que sea y quiera representar el Estado o la nacionalidad.
Debemos, primero, convertirnos en sujetos anónimos y
homogéneos, sin memoria. Sólo después, entrenados en la
imaginación patriótica, ganaremos la identidad política, "una
y común" para todos, como ya escribía Aristóteles (*Política*,
1263 b). «La unidad se hace siempre de forma brutal», añadía
Renan a propósito de la nación moderna.[3]

Pero el patriotismo puede referirse a una experiencia personal o de grupo con poco o nada que ver con la política. No

hay que pertenecer o identificarse con un Estado o una nacionalidad para ser "patriota" en otro sentido que el político, cargado, éste, de ideología nacional o de creencias sobre la patria. Podemos no ser patriotas del Estado o la nación (*country*), pero sí, y con no menos sentimiento, del lugar y la comunidad cercana. Del "país" (*Heimat, homeland*), en el sentido menos político de la palabra. Entonces el patriota se siente más leal a la tierra de sus padres (*Vaterland, fatherland*), o la de sus hijos, o la de sus propios recuerdos, o sueños, que al territorio nacional que se le imbuye desde la escuela, los medios de comunicación y las instituciones de gobierno. O quizás se siente vinculado a la primera y no a esto último. Su patriotismo no sería convencional, pero sí espontáneo, y desde luego el más afín con el significado original de "patria": país natal.

Cuando el sentimiento patriótico no se confunde con el culto nacional, sino con el simple, pero más profundo y duradero apego doméstico, podemos hablar de un patriotismo doméstico o cultural. Naturalmente, lo político puede incidir en él, lo mismo que lo cultural en el patriotismo nacional, pero en ambos casos la incidencia es poco relevante y nada característica. El patriotismo doméstico puede ser apego a la casa familiar o al vecindario, al barrio o al área local, al mundo ("paraíso", según Proust) perdido de la infancia o al refugio conquistado con la madurez, pero en cualquier caso pertenece a la experiencia real del sujeto y de su comunidad. Lo concreto, particular e íntimo desplaza a lo abstracto y anónimo, que es donde se mueve, por el contrario, el patriotismo nacional. ¿Es posible sentir algo tan difícil de imaginar como la nación que consta en nuestro pasaporte? ¿Es veraz la creencia de formar parte de esta nación si cuesta tanto imaginársela? No ocurre nada igual cuando nos preguntamos por el hogar, la calle, el país –*grass roots*, en Norteamérica– que realmente tenemos a nuestro alcance y podemos recorrer en un solo día. La respuesta del patriotismo doméstico, el de los sentimientos caseros, será todo lo subjetiva que se quiera, pero seguramente es más positiva y veraz que la que nos dé el patriotismo nacional, con todas sus enormes abstracciones necesitadas de tantos medios para entrar en el sentimiento.

Este otro patriotismo pide memoria, no imaginación. Se opone también en eso al amor convencional a la patria. La "localidad" no es nunca para él una "producción" social.[4] En realidad, su materia es el tiempo, no el espacio, como sucede, en cambio, con el patriotismo político. En el patriotismo doméstico no hay que imaginar territorio, sociedad, instituciones, imágenes que responden a lugares, siquiera en el papel o la pantalla electrónica. Hay que recordar; lo cual se hace en y con el tiempo. Y si hubo o hay enclaves, espacios, este patriotismo doméstico los transforma con el paso de los años en momentos que recordar o, en el taller de la rememoración, en momentos recreados con el presente y su interés en seleccionar. Una persona o, incluso, un grupo –y a veces, en el destierro o la opresión, una patria– tienen en esta forma llana y familiar de patriotismo uno de sus recursos de pervivencia. Podemos encontrarlo en los campos de refugiados palestinos o en la diáspora judía; en el escritor leal a su lengua o el emigrante que transporta sus recuerdos y no los esconde en el nuevo destino; el creyente que confía en Dios en todas partes o la persona que transmite los nombres y las memorias de su familia. También los antiguos romanos tenían sus dioses, los *lares*, para proteger todas estas memorias de la casa y de sus habitantes. Divinidades, por cierto, ágiles y adolescentes, y, cosa sorprendente, muy poco dadas a adoptar la forma de imágenes y mitos. Parece que tenían claro que los sentimientos nativos no se prestan tanto a ser obra de la imaginación como los sentimientos patrióticos de género político.

En sus *Notas de andar y ver*, Ortega y Gasset reflexiona sobre el paisaje. Lo que vemos en él, dice, no lo ve nadie más. Es de cada uno y nos pertenece. Dos paisajistas nunca coinciden. El paisaje es lo único del mundo que existe para cada observador. Eso que ve es su vida; fuera de este marco todo pierde significado personal y resulta abstracto. Porque el paisaje es lo que cada uno, frente a la misma realidad, pone por su cuenta al mirar. «El patriotismo –afirma entretanto– es ante todo la fidelidad al paisaje». Y más: «La patria es el paisaje».[5] Un juicio que apostillaría a la perfección lo que aquí se sostiene acerca del patriotismo doméstico, si no fuera porque el celebrado filósofo dedica su teoría –recogida de Herder y el romanticismo europeo– al nacionalismo español, es decir, cambia súbitamente de tornas por el patriotismo político. No obstante, decir que la patria es el paisaje, en el sentido más vivencial de este último (paisaje como "estado del alma", tiempo más que espacio), es una definición figurativa que recoge lo que tiene de peculiar el patriotismo doméstico, "personal e intransferible", frente al patriotismo de tenor claramente político. Sustitúyase "paisaje" por alguna o varias de las cosas que ya se han dicho –la tierra, por supuesto, pero también el entorno, los círculos de relación personal, la lengua, el panorama de imágenes o sonidos al que volvemos, o el que esperamos, el mundo de nuestras creencias más personales, el silencio–, y comprobaremos lo que va de un patriotismo de pertenencia política a otro de privado culto memorístico o a pequeña escala social, cuando la lumbre de la memoria pasa al cuidado del grupo.

El cosmopolitismo se opone al patriotismo nacional, no al doméstico. Algunos, como el filósofo estadounidense Anthony Appiah, defienden la posibilidad, en cambio, de un *rooted cosmopolitanism*, según el cual un ciudadano del mundo está, a la vez, arraigado a la nación y a su cultura política.[6] De modo parecido, aunque invirtiendo el orden de los factores, la idea de una "nacionalidad cosmopolita" (*cosmopolitan nationhood*) fue introducida por Franklin, Paine y otros ilustrados en la época de la constitución federal de Estados Unidos. Pero éstas y otras propuestas de ensamblaje de lo cosmopolita y lo patriótico en la política son, pese a su atractiva presentación, fórmulas en sí mismas contradictorias (como, en otro plano, hoy, el *national multiculturalism*) que muestran indefectiblemente en la práctica el predominio y la apuesta final por el patriotismo. El error o la ilusión es el tratar de hacer homogéneos dos tipos heterogéneos y opuestos entre sí de la identidad política. Tan opuestos que sin la oposición cada uno perdería su sentido. Su concepto mismo se disolvería.

No hay contradicción, sin embargo, entre el cosmopolitismo y el patriotismo doméstico, al menos mientras ninguno de los dos se plantee en términos culturales excluyentes. Es posible la pluralidad de compromisos no opuestos entre sí. La apertura al mundo y la lealtad política hacia una estructura cosmopolita de gobierno y participación no excluyen, por definición, el respeto y apego, si cabe, por lo local. En un sentido cultural e incluso político de "local", con la condición de que ninguno de los particularismos excluya la propia visión cosmopolita y su traducción práctica. Si se es leal al todo, hay que poder serlo también a las partes, excepto, claro está, cuando éstas no se dejan, reacias al compromiso con lo primero. Mercurio, o el Hermes griego, dioses de los caminos y las puertas, conviven en el Olimpo con Vesta o la Hestia griega, símbolos del hogar y los espacios cerrados. Basta con que cada divinidad respete los dominios de la otra.[7] El cosmopolitismo, pues, no exige una lealtad en exclusiva. Puede coexistir con otras lealtades, que no se limitan a ser "complementarias" de una lealtad "fundamental", sino que son ya una parte constitutiva de este compromiso, por así decir, con el todo. Una razón, también, para no ver en el cosmopolitismo un marco contrario al pluralismo cultural y a las políticas multiculturalistas.

Pero no sólo puede, sino que debe incluir todos los sentimientos de lo local que no se le opongan expresamente. El cosmopolitismo tiene que estar abierto como tal a las diferencias culturales, étnicas y nacionales en el conjunto del mundo.[8] Si él no lo hace, ¿qué otra doctrina lo hará? Si el riesgo del patriotismo es estar ciego a lo global, el del cosmopolitismo es estarlo a lo local. Existe, en segundo lugar, otra razón de principio: el cosmopolitismo que no respeta la diversidad de identidades es una amenaza a la libertad sobre la cual dice fundarse. El cosmopolitismo tiene también sus patologías. Ya Rousseau se quejaba en *Emilio*: «Desconfía de aquellos cosmopolitas que buscan deberes remotos en sus libros y menosprecian a quienes tienen a su lado». Sería terrible, y nada cosmopolita, un gobierno mundial que acabara con las fronteras al precio de aplastar los patriotismos domésticos y el derecho de las sociedades a un gobierno autónomo dentro de un único orden político mundial. Las minorías nacionales, por ejemplo, nos hacen relativizar tanto al nacionalismo imperialista o hegemónico como al propio cosmopolitismo, cuando éste apunta hacia un imperialismo peor: el global.

Si bien existen otras dos razones, al menos, para que el cosmopolitismo se tome como un deber el respeto a todas las identidades políticas y culturales que no se le opongan. Ambas son más empíricas que de principio. Se trata, por un lado, de asumir el hecho de que los fenómenos de globalización, lejos de borrar las diferencias nacionales y culturales, contemplan su reemergencia en muchos aspectos. Y, por otro lado, conviene, a la vista de la experiencia de los siglos, no sojuzgar ni humillar las identidades que puedan parecer, desde una perspectiva cosmopolita –o "moderna", o "laica", es decir, occidentalista–, demasiado tradicionales o diferencialistas, como las integradas alrededor de la lengua, la religión, la memoria cultural o la afirmación comunitaria. Si las enterramos, renacerán al cabo de un tiempo con más fuerza. Si les privamos el paso, cuando su marcha no se opone a la de la libertad, volverán al galope. En cualquier lugar de un mundo sin fronteras nos seguiríamos preguntando: ¿cuál es el país de tus padres?, ¿dónde prefieres vivir?, ¿por qué somos distintos? Hay cosas que nos particularizan de inmediato. Las que más, las raíces que recordamos y las alas con las que nos imaginamos volar. Así es, y parece que seguirá siendo muchos años más. Los particularismos no son amenazas, por lo general.

Mejor, por todo ello, que el cosmopolitismo sea inclusivo siempre. Puede, y debe, aceptar las lealtades domésticas y nacionales, mientras éstas sean compatibles con la visión y el compromiso cosmopolita y, en caso de disyuntiva, la opción que se tome sea a favor del todo, no de la parte. Puede incluir las identidades nacionales, por ejemplo, pero ya no el nacionalismo; las inclinaciones por lo doméstico y local, pero no las soluciones tribales o parroquiales, provincianas o etnoterritoriales. Desaparecerán, quizás, el nacionalismo o –imaginemos más aún– las identidades con carta blanca para matar, pero no habrá por ello una "constelación postnacional" ni un "mundo postidentitario". Porque lo malo no es el localismo, sino cuando éste se cierra a la visión y las soluciones de conjunto, en lugar de reconocer que es sólo una parte del todo. Así funcionan la amistad y la familia, la democracia y la ética: anteponiendo el conjunto a los miembros que sólo miran para ellos mismos. ¿Por qué la ciudadanía nacional se habría de considerar una excepción a la cultura de los hábitos de civilización? Nuestro deber es comprenderla como parte no sustitutiva de una más amplia ciudadanía del mundo. De un mundo, en un planeta tan pequeño como la Tierra, que no da para más, ni tampoco para menos. Patriotismo no excluyente. Cosmopolitismo inclusivo.

El cosmopolitismo tendrá que plantearse siempre su relación con las identidades particulares. Es absurdo e inútil proponerse borrarlas, pero también es absurdo pensar que hay que "trascenderlas", y ya no digamos "superarlas". ¿Con qué? ¿Para qué? Marx dijo bien que sólo se supera lo que se logra suplir. Pero no hay forma de suplir el patriotismo doméstico. Por ética y estética cosmopolitas, mejor articularse juntos. Y si no se dejan, hay que negociar con la resistencia.

15. LA OPCIÓN COSMOPOLITA

En un curso de la universidad de Chicago discutíamos sobre el proceso de unidad europea. «Vean –me permití comentar– cómo una visión cosmopolita no es incompatible con la defensa de identidades nacionales abiertas. Es posible que Sudamérica siga en el futuro el ejemplo de la Unión Europea.» El estudiante más participativo del curso, un graduado en historia de origen peruano, se apresuró a replicar: «Pero ojalá que no suceda, profe, porque Perú y Bolivia no se tragan, Colombia y Venezuela son enemigos, Chile no se aviene con nadie...». Tras lo cual me miró fijamente sin decir nada más, como sugiriendo: «¿Aún cree que estos países se gobernarán juntos algún día?».

Es sólo un ejemplo de la confrontación entre el cosmopolitismo y el patriotismo. Pues hemos de recordar que uno y otro no se relacionan entre sí como el conjunto y la parte, y viceversa. Todo sería mucho más fácil si consistiera en eso: en la relación todo/parte. Así es como se compara, por ejemplo, el interés colectivo y el individual, la sociedad y la familia, el ecosistema y el biotopo, el grupo y el individuo. En principio, no son polos opuestos entre sí, porque hay una proporcionalidad evidente: salvo excepciones, lo que es bueno para el todo, lo es también para la parte. Y aunque algunas veces a ésta le pueda parecer malo, si es bueno en general, será también bueno para la parte.

Tenemos sobrados ejemplos. Incluso demasiados: si la desforestación de Haití es buena para paliar el problema del combustible en este país, a medio plazo no sólo será mala para el conjunto caribeño, sino para los propios haitianos. Si la explotación de combustible fósil o la contaminación atmosférica son considerados aceptables para el crecimiento de Estados Unidos y de China, respectivamente, este coste adicional del interés propio repercutirá no sólo en perjuicio del medio ambiente planetario, sino de los intereses nacionales que se querían defender. No es extraño, pues, sacrificar el todo en beneficio de la parte, lo lejano a favor de lo próximo, el futuro en aras del presente, sin más. Pero pocos lo reconocen abiertamente, porque lo razonable y aceptado, en teoría, por todos es que no hay ni debe haber incompatibilidad entre el individuo o el grupo, de un lado, y el conjunto social y el marco internacional, de otro. La parte pertenece al todo, puede y debe estar en sintonía con éste, y no hay mucho más que hablar.

Sin embargo, no es éste nuestro caso. Lo local sí es parte de lo global, pero el cosmopolitismo tiene que vérselas con el espíritu exagerado de lo local, el localismo, que se precia a menudo de estar antes, o al margen, o incluso por encima, de lo global y del resto del mundo. Cosmos y patria, universalismo y particularismo no son homologables a la relación entre el todo y la parte. Cuando ésta es tan particular, como en el patriotismo y el orgullo doméstico, la relación de proporcionalidad con el conjunto se rompe y resulta imposible. Por eso el cosmopolitismo se opone casi siempre al patriotismo, y éste a aquél. No son ni se reconocen como todo y parte. Son contrarios en lo político y, aún más que eso, en lo cultural y en la clase de personalidad individual que cada uno presupone. «Mi país, bueno o malo», proclama el patriota. «El mundo va por delante», aduce el cosmopolita. No existe un punto de encuentro. No hay que esperarlo ni siquiera en el internacionalismo. Los patriotas son, de hecho, poco o nada internacionalistas, y los cosmopolitas son, por principio, contrarios al punto de vista pro-nacional que está presupuesto en el inter-nacionalismo. Algunos cosmopolitas, como hoy el filósofo británico Bhikhu Parekh o antaño Kant, son, en realidad, internacionalistas. Oponen el mundo a los estados absolutos y encerrados en sí mismos, pero no son contrarios al Estado nacional ni, como dejan adivinar, a un cierto nacionalismo, mientras se exprese en clave republicana o liberal-multiculturalista. Los individuos están incluidos en una nación, y ésta en un Estado particular, es decir, con soberanía nacional, la cual no es una mera construcción jurídico-política, sino la expresión de una sociedad en razón, básicamente, del arraigo de sus súbditos en un territorio nativo, de nacimiento mismo o por naturalización posterior. Ser internacionalista no equivale, pues, a ser cosmopolita, como si se tratara de un feliz descubrimiento del patriotismo tradicional ante el ancho mundo. Cosmopolitas y patriotas se repelen mutuamente. No hay un punto intermedio entre ambos extremos.

Pero esta oposición admite excepciones. Por una parte, el cosmopolitismo acepta un patriotismo doméstico, no exclusivista, y sólo éste. Puede y debe hacerlo, si quiere evitar la paranoia cosmopolita de pensar que sólo lo universal es bueno y todo lo local es malo o sospechoso. También los cosmopolitas deben aprender a ser modestos y a aceptar algunos comportamientos de sus supuestos adversarios. Por lo demás, le agrade o no ese patriotismo cultural, más que político, el cosmopolitismo se sostiene sobre lo local. No puede hacerlo de otro modo. El mundo es una suma de partes, no un colosal vacío. Lo doméstico y lo patriótico pertenecen a la experiencia humana, sobre la que se asienta también la inclinación por lo universal. No son realidades arbitrarias. Es absurdo negarlas o desconsiderarlas. Incluso el ciudadano del mundo ha de aprender de ellas para saber, por ejemplo, cuándo un particularismo excluye o no un punto de vista universal. Si desde esta perspectiva se exige revisar la doctrina de la soberanía nacional o, ya no digamos, rechazar el nacionalismo exclusivista, póngase por caso para defender el derecho de asilo a favor de refugiados políticos, hará falta conocer y valorar los criterios que aducen los estados y naciones. Algunos de estos criterios serán de la misma naturaleza que los del cosmopolitismo. Para empezar, la habitual apelación de estados y naciones a lo "universal" como justificación de su existencia.

Por otra parte, el patriotismo acepta el cosmopolitismo sólo si éste es inclusivo, no excluyente de los particularismos. Por lo dicho antes, se trataría de un cosmopolitismo dispuesto a incluir sólo el patriotismo doméstico, no el político, en general, ni menos el de carácter hegemónico. Los otros cosmopolitismos, los no inclusivos, universalistas, pero con rechazo de toda filiación particularista, no serán, por tanto, aceptados por los patriotas. En cualquier caso, éstos pueden y deben abrirse al cosmopolitismo. Es la forma, ante todo, de evitar la histeria patriótica y la ceguera nacionalista. Mientras que tal apertura no ha de resultar extraña a ningún amante de su país. Pues, de hecho, la identidad nacional y aun el nacionalismo presuponen un marco cosmopolita, aunque lo rehuyan. Si, ante la alternativa, optáramos siempre por nuestra patria, destruiríamos de facto la idea de patriotismo, pues ya no habría referentes de contraste para que éste signifique algo. Quien no conoce otras naciones no conoce ninguna. Tampoco la suya, a la que quiere más conforme sabe de sus diferencias respecto de las otras. Un nacionalismo cerrado, por consiguiente, se quita razón a sí mismo. El nacionalismo, como la religión, es un fenómeno en cierto sentido imaginario; no es como la democracia y la ciudadanía, que nos hacen libres al mismo tiempo que nos recortan las alas y nos "humillan" en nuestro fantaseo egoísta de altos vuelos. Mi voto vale igual que el de los demás. Y si el nacionalismo es imaginación, lo más imaginario de todo es pensar que las naciones mismas, a pesar de su nombre, *natio*, son fenómenos "naturales", al margen de la voluntad y el pensamiento humanos. Si supiéramos bien que son cultura, y no naturaleza, estaríamos más dispuestos a conocer, casi como cosmopolitas, otras naciones, y así poder redescubrir lo que tiene la nuestra de particular y más estimable. El nacionalista que se burla del marco cosmopolita no sabe que se juega su nación.

Otras ilusiones, además de pensar que su nación es una entidad natural, redundan igualmente en contra del nacionalista. He aquí una breve lista: pensar que el territorio nacional siempre ha sido "el mismo"; que sus pobladores pertenecen, desde el origen, a una misma "raza" o cultura; la "conciencia nacional" ha existido siempre; las creencias y costumbres del país son totalmente "distintas" a las de otros países; la nacionalidad exige "arraigo y adaptación"; el sentimiento nacional o patriótico son "espontáneos e innatos"; que nuestra vida, en fin, no sería nada o valdría menos fuera de nuestra patria nacional. Todos estos conceptos-fantasma acerca de la propia nacionalidad debilitan la identidad y el carácter de ésta, que se funda casi a partes iguales en la voluntad y la imaginación políticas de muchos de sus miembros, para verse como una sociedad permanentemente diferenciada de las demás.[1] Es decir, un concepto sólido y duradero de nación sólo adquiere significación en el marco de un orden internacional, el cual, a su vez, no es obra de la naturaleza, sino de la acción interesada y, asimismo, de la imaginación de los individuos. Y todavía en otras palabras: un cierto imaginario y modo de obrar cosmopolitas se dan por descontados, aunque no sean buscados por sí mismos, en cualquier nacionalismo que se precie. Si lo singular presupone lo plural, lo nacional requiere también tener a la vista y en la imaginación a lo internacional. Eso es de vital necesidad para el Estado nacional, que para reforzar la cohesión interior recurre a la amenaza o competición extranjera, y a la inversa, para afianzar su posición en el panorama internacional le recuerda a éste su puesto singular e insustituible en el universo como Estado firme.

Hasta aquí hemos visto, en esquema, las mutuas implicaciones entre cierto cosmopolitismo y cierto patriotismo, como excepción a la norma de que ambos se oponen entre sí. Pero, a veces, ni este ocasional acuerdo es posible. Puede no haber más alternativa que la de optar o bien por la solución patriótica o bien por la cosmopolita, sin término medio posible. Parece ser que en la Grecia clásica, donde nació la filosofía occidental, esta disyuntiva era prácticamente desconocida, pues los antiguos griegos ni aspiraron a proveer una civilización cosmopolita ni tuvieron una causa patriótica común.[2] Aristóteles, filósofo de la *polis*, no se escandaliza ante la caída de Atenas, y su discípulo, Alejandro Magno, quien concentró el máximo poder en la Hélade, no se propuso hacer de ésta una gran unidad política. Los fundadores del cosmopolitismo no tuvieron que elegir, en la práctica, por él. La disyuntiva real entre patria y mundo vendrá bastante después, en los albores de la Europa contemporánea, cuando la politización de la patria y del mundo, con el nacionalismo y los idearios de signo mundialista, respectivamente, obliguen, ante ciertas circunstancias, a tomar partido por un extremo u otro de la identidad política.

La palabra "nacionalismo" fue acuñada por Baurrel, un sacerdote francés contrario a los revolucionarios jacobinos. La usó al declarar: «En el mismo momento en el que los hombres se unieron en naciones dejaron de reconocerse unos a otros con un nombre común. El nacionalismo o amor a la nación ocupó el lugar del amor a la humanidad en general».[3] Ningún pensador clásico habría entendido muy bien a qué se refería este párrafo, pero hoy ya no es así. Nos preguntamos, por ejemplo: ¿es preferible proteger el mercado nacional, aunque ello frene el desarrollo de otros países?, ¿hay que atender a los principios del derecho internacional público antes que a los intereses de la mayoría de nuestros compatriotas?, ¿vale la pena disminuir el consumo de combustible si con ello evitamos el cambio climático?, ¿es justo que por asegurar la paz internacional los gobiernos locales pierdan competencias en la defensa y las telecomunicaciones? En un mundo cada vez más globalizado, con identidades que irrumpen y otras que no acaban de desaparecer, estos dilemas están a la orden del día y hay que decidirse, en último término, o bien por el interés local, o bien por el global, a menudo con la sospecha de que en un caso no hemos sabido estar a la altura del deber y en el otro nos ha faltado coraje para defender lo propio. No obstante, este *embarras du choix*, el no saber qué opción escoger, se presenta de forma cada vez más frecuente en mayor número de gente, no sólo en círculos políticos y económicos. O estrictamente académicos, como piensa Rorty, pues cree que la oposición entre la lealtad patriótica y la justicia cosmopolita sólo se expresa en intelectuales racionalistas, como Habermas o Kant, acostumbrados a separar entre el sentimiento y la razón.[4]

Si hay que elegir, el cosmopolita desestimará, en principio, la opción patriótica, y el patriota hará lo mismo con la cosmopolita. Hay que retomar lo dicho al inicio de este capítulo: se trata de dos identidades políticas opuestas y hasta de dos personalidades humanas contrarias entre sí. Esta oposición es lo que distingue a ambas clases de mentalidad y lo que constituye su regla. Cada una necesita negar a su contraria para poder afirmarse como lo que es. Las muestras de ello pueden llegar a ser extremas y rozar lo caricaturesco. Éste es el caso del típico nacionalista que lo es no tanto por convicción como por reacción: en su infancia no tuvo un hogar o un país con qué identificarse, y ahora, de mayor, suple esta falta de patria con la adhesión nacionalista. Y es el caso, también, del típico cosmopolita igualmente por reacción: creció sin horizontes, encerrado en su rincón familiar, pueblerino, y ahora, ya maduro, tiene que recuperarse absorbiendo bocanadas de mundo. Uno, por falta de patria, se hace nacionalista; el otro, falto de mundo, se vuelve cosmopolita. Ambos son de reacción previsible. Uno elegirá siempre la opción doméstica, y el otro la mundana. Si no lo hicieran, se debilitarían. Patria o mundo forman parte de sus seguridades de adulto.

Cuando nos enfrentamos a un problema que exige tener que elegir o bien por la patria, o bien por el mundo, la respuesta común se inclina, hoy por hoy, por la primera opción. Pero desde un punto de vista cosmopolita, sólo se puede elegir la alternativa cosmopolita. Tenemos deberes con los extranjeros o el mundo que sobrepasan a los que tenemos con nuestros conciudadanos. Así, ante la disyuntiva, y a pesar de lo apremiante o atractivo que pueda parecer la elección por lo local, incluso por un localismo no excluyente, la prueba definitiva de que uno o una es cosmopolita es que se decidirá por la opción globalista, la cual incluye a todas las demás. En la localista, en cambio, sólo se incluye ésta. Por eso, y por su parte, los patriotas inteligentes tratan de eludir esta disyuntiva, conscientes de que su elección es a todas luces corta de miras y casi siempre egoísta, por más ineludible que se considere la lealtad a la nación, la comunidad de origen o el hogar. Para desautorizar la alternativa entre patriotismo y cosmopolitismo, el patriota anticipado argumenta que ser cosmopolita equivale a ignorar las pertenencias a lo particular a cambio de nada, porque es, por sí mismo, un ideal demasiado abstracto para generar emociones y energía moral. «Ciudadanos del mundo, ciudadanos apáticos», vienen a decirnos.[5] Pero éste es un argumento falaz, porque el cosmopolitismo se aguanta sobre una moral, se inscribe en una estética, y puede incluir lealtades a lo particular mientras éstas no se contradigan con la prioridad de lo general o mundial. El cosmopolitismo que se convierte en una excusa para faltar a los deberes con la propia comunidad ha roto ya con los mismos principios que le daban sentido y entonces sí merece ser rechazado desde cualquier posición. Pero, entretanto, no puede ser acusado de apático ni menos de insolidario, con lo cual el dilema entre mundo y patria no puede ser borrado por los incondicionales de esta última.

La profesora Martha Nussbaum corresponde a este dilema recordando, en la senda de Kant y los antiguos estoicos, que la humanidad debe primar sobre las inclinaciones a lo particular. La lealtad nacional, añade, es una "característica moral irrelevante". Peter Singer, pensador utilitarista, se expresa de modo parecido: «La soberanía nacional carece de peso moral intrínseco».[6] Otro pensador estadounidense, Anthony Appiah, se adhiere igualmente a la visión humanitaria, pero dice que tan relevante es ésta como la patriótica, por lo que cree en la posibilidad de unos "patriotas cosmopolitas": aquellos que sienten apego por los orígenes, pero a la vez quieren elegir un destino.[7] Este modo de pensar es más parecido al de Herder y las filosofías de lo cultural que al de los racionalistas como Nussbaum. Pero en esta "correlevancia" quien acaba dominando en la práctica es el interés o el sentimiento local. La visión cosmopolita se retrae a favor de la patriótica, mientras que en la perspectiva de Nussbaum y Singer, la de la "irrelevancia" de lo local, aquella visión se mantiene como prioritaria, pero no deja de resultar perjudicada por su exclusividad.[8] Se hace poco atractiva, incluso para muchos cosmopolitas. Una manera intermedia de enfocar la prioridad del cosmopolitismo en caso de disyuntiva parece más coherente y viable. Es decir, ni relevancia única ni correlevancia frente al patriotismo, sino una relevancia prioritaria, cuando haya que elegir o una cosa o la otra.

¿Por qué, ante el conflicto, hay que tomar la opción cosmopolita frente a la nacionalista o doméstica? Todo este ensayo, que ya va terminando, quiere dar una respuesta razonada a la pregunta. Desde luego que son legítimos el gusto por el hogar y el amor a la patria, pero dejan de serlo cuando van acompañados de "sólo la patria", o "primero la patria y luego el mundo". Esto último es una impostura, y las dos afirmaciones una contradicción en sí mismas. Los padres cuidan a los hijos y los gobiernos defienden las fronteras, pero el plan de educar al ser humano y velar por los derechos universales debe hacerse mirando al mundo, no "en lugar" de los países y las familias, sino "más allá" de estos círculos, porque hay que incluirlos a todos. En otras palabras, la elección cosmopolita es de una consistencia comparable a la elección por la ética en general. El mismo deber que sentimos hacia los compatriotas está, ampliado, en el deber que nos proponemos hacia los extranjeros, y éste, a su vez, pertenece al que tenemos frente a los seres humanos como tales seres humanos.

En la lógica relación del todo con la parte, los deberes cosmopolitas incluyen a los patrióticos y no pueden ser desplazados por éstos, al igual que el deber de un padre para con su hijo no le excusa de faltar al respeto de los niños en general. Lo que es bueno para el todo lo es siempre para la parte, mientras que lo bueno para la parte no lo es siempre para el conjunto. Al defender, por ello, los intereses cosmopolitas se defienden también los patrióticos. Y los mejores de éstos, además; no los egocentristas. Valga el caso: en Estados Unidos, los activistas contra la guerra de Vietnam o la invasión de Irak no son "anti-Estados Unidos", sino que defienden los mismos valores que hace suyos la constitución de su país. Puede, también, que al dar el apoyo a lo patriótico se fomente, al mismo tiempo, una causa universal: por ejemplo, la libertad, la autodeterminación, el respeto al patrimonio cultural. Pero no siempre es así: los nacionalismos de Estado y los de carácter étnico son siempre causas egoístas, no universalizables. La asimetría entre una posición y otra, la patriota y la cosmopolita, llega entonces al extremo. Pues si el cosmopolita, por deber, debe contar con los patriotas, por lo menos para ver hasta qué punto su causa es compatible con la mundialista, en el caso del patriotismo exclusivista sus partidarios se tomarán como deber el prescindir, en cambio, de los extranjeros y sospechar de los cosmopolitas. Dicho más en breve: a diferencia del patriotismo, el cosmopolitismo puede ser formulado como un deber general de la humanidad. Nunca como un deber específico o particular.

Al hilo de estos razonamientos corresponde hacer una aclaración: la elección cosmopolita no implica la adhesión a ningún posible Estado mundial o gran gobierno del mundo. Que la comunidad global moral tiene que poderse reflejar, de algún modo, en una comunidad global de orden político, eso es algo posible y hasta necesario, desde el punto de vista cosmopolita. Pero ello no implica abrazar de nuevo el estatismo, aplicado ahora a un Estado único mundial, ni pedir una reedición gigante del nacionalismo. Frente a esta hipótesis de un Estado nacional del mundo, con tal especie de "autocracia de ideología pan-nacionalista", los cosmopolitas deberían mirar más allá y hacer valer de nuevo su visión ética y estética del mundialismo. Habría que pensar, mejor, en un ordenamiento internacional de paz, con poder único, pero descentralizado, en forma federal o confederal. Ésta sería la salida del actual "estado de naturaleza" en el que se encuentran aún las naciones, y el avance progresivo hacia una comunidad política mundial, que además de regirse por los principios democráticos debería hacerlo, si no quiere contradecirse, de acuerdo con los del cosmopolitismo.[9]

¿Qué sentido tendría, entonces, una "ciudadanía del mundo"? ¿El que se siente ciudadano del mundo puede esperar que se le reconozca finalmente como tal en un ordenamiento internacional de paz? Al defender yo mismo, en otro ensayo, la noción y el estatus jurídico-político de "ciudadanía europea", propuse el concepto de ciudadanía dual para Europa: cada uno sería, a la vez, ciudadano de un país y de la unión continental, dentro de un único estatus de ciudadano.[10] De igual manera, creo que eso es válido también para la traducción del cosmopolitismo en términos de ciudadanía mundial: consistiría en una ciudadanía dual –no "doble"– a mayor escala, por la que cada uno o una dispone de aquella acreditación que lo identifica como miembro de una comunidad local y, al mismo tiempo, le permite ser reconocido y participar en el resto de comunidades. Lo cual conlleva la necesidad de acabar con los pronunciamientos morales y la obligación legal de renunciar a cualquier otra lealtad o compromiso que no sean con la propia comunidad nacional, como en el caso de Estados Unidos y su obligado *Allegiance oath*, el juramento de lealtad que se saben de memoria todos los escolares y que deben aprender los que se quieren nacionalizar en este país.

A esta, de hecho, ciudadanía transnacional o mundial, le bastaría, en un orden cosmopolita final, el nombre de "ciudadanía", sin adjetivos que la acompañen. Hoy por hoy, ser "ciudadano del mundo", o "mundial", es sólo una metáfora, algo figurado, no literal, que nos sirve en un sentido moral, más que jurídico. Así ocurre con la noción de "derechos humanos", sin fuerza jurídica universal, pero sí moral. No obstante, si algún día este término de "ciudadanía mundial" tuviera con qué corresponderse en la realidad, a la "ciudadanía" le sobrarían los calificativos. Al no haber provincias soberanas en la única *polis* mundial, sería innecesario, redundante, recordar que esa ciudadanía es cosmopolita o "mundial".

Pero habría que mantener la dignidad y el título de la ciudadanía incluso cuando ya no hubiera soberanías locales. Porque aun en tal caso la ética y la democracia deberían continuar estando alertas ante el poder político y otros poderes, como el económico o el mediático, que pueden poner en riesgo cualquier logro obtenido.

NOTAS

1. Cosmopolitas bajo sospecha

1. S. Toulmin. *Cosmópolis. El trasfondo de la modernidad*, págs. 159, 256 y ss.
2. U. Beck. *La sociedad del riesgo*, pág. 50 y ss.
3. *Vid.*, respectivamente, mis libros *Política sin Estado* y *Democracia para la diversidad*, para el mundialismo, y *Por una causa común* y *Ética intercultural*, para una moralidad compartida.

2. La jungla global

1. U. Beck. *Libertad o capitalismo*, págs. 185, 193 y ss.
2. N. Bilbeny. *Política sin Estado*, pág. 200 y ss.; H. Kelsen, *Teoría general del Estado*, pág. 133 y ss.

3. La seguridad es patriota

1. D. Miller. *Sobre la nacionalidad*, pág. 166 y ss.; N. Bilbeny, *Europa después de Sarajevo. Claves éticas y políticas de la ciudadanía europea*, pág. 58 y ss.
2. P. Cheah y B. Robbins, eds., *Cosmopolitics*, 24-25.
3. Richard Rorty pidió a la izquierda americana que reconsiderase el patriotismo como valor, en *New York Times*, 13.II.1994.
4. M. Nussbaum. *Los límites del patriotismo*, pág. 27.
5. Un exponente intelectual del miedo al desarraigo (*rootlessness*) se encuentra en el célebre libro de Alan Bloom *The closing of the American mind*.
6. Algunas de estas críticas se recogen en M. Nussbaum, ed., *Los límites del patriotismo*, pág. 91 y ss.

4. La libertad es cosmopolita

1. S. Vertovec y R. Cohen, ed. *Conceiving cosmopolitanism*, pág. 180 y ss.
2. *Vid.* S. Vertovec, *op.cit.*, pág. 86 y ss.

3. *Ibid*., pág.88 y ss. También D. Zolo, *Cosmópolis*, 184 ss.
4. N. Bilbeny, Democracia para la divresidad, 92 ss.
5. J. Habermas. *La inclusión del otro*, pág. 142.
6. A. D. Smith. "Towards a global culture?", en *Theory, Culture and Society*, 2-3: 171-191, 1990.
7. M. Nussbaum. *Los límites del patriotismo*, pág. 13 y ss.
8. *Vid*. el informe sobre *Global governance* emitido por la misma ONU en 1995.
9. D. Zolo, *Cosmópolis*, pág. 148 y ss.
10. A. W. Johnson, T. Earle. *La evolución de las sociedades humanas*, pág. 46 y ss.
11. *Ibid*., pág. 255 y ss.

5. Nacidos al mundo

1. Aristóteles. *Política*, págs. 1253 a 19.
2. *Ibid*., págs. 1326 a 10 – 1327 a 2.
3. «Este gran mundo yo quisiera que fuese el libro de mi escolar» (*Essais*, I, 26).
4. *Discurso del método*, I, C.
5. I. Kant. *Ideas para una historia universal en clave cosmopolita*, principio VI. Para la traducción jurídico-política del "propósito" cosmopolita kantiano (el *ius cosmopoliticum*), véase su "Doctrina del derecho", § 62, en la *Metafísica de las costumbres*.
6. *Vid*., J. Habermas. *La inclusión del otro*, págs. 148-149.

6. El nomadismo global

1. Véanse obras recientes de filósofos como Habermas, Toulmin, Derrida, Kristeva, Sen, Nussbaum, Bok, Gutman, Sterba, Walzer, Appiah, Waldron, Cassese, Muguerza.
2. "The Cosmopolitan Manifesto", *New Statesman*, 20: 28-30, 1998.
3. *Vid*. Ph. Cheah, B. Robbins, eds. *Cosmopolitics*, págs 240 y ss., pág. 369.
4. *Vid*. M. Augé, *¿Por qué vivimos? Por una antropología de los fines*, págs, 138 y ss.
5. *Vid*. D. Zolo. *Cosmópolis*, págs. 141 y ss. También: Z. Bauman. *Postmodern Ethics*, págs. 240 y ss.
6. P. Bourdieu. *Contre-feux II*; C. Calhoun, *Nationalism*.
7. *Vid*. Z. Bauman. *Vidas desperdiciadas*, cap. 2.
8. *Vid*. J. Hutchinson, A.D. Smith, eds. *Ethnicity*, págs. 318 y ss.
9. M. Nussbaum. *Los límites del patriotismo*, págs. 26 y ss.
10. Vid. D. Zolo. *Cosmópolis*, págs. 184 y ss.

7. La ilusión de impermanencia

1. I. Eibl-Eibesfeldt. *Biología del comportamiento humano*, pág. 333, pág. 341, pág. 369 y ss.
2. R. Boyd, J. B. Silk. *Cómo evolucionaron los humanos*, pág. 165 y ss.
3. T. Todorov. *L'homme dépaysé*, pág. 25.
4. A.W. Johnson, T. Earle. *La evolución de las sociedades humanas*, pág. 29 y pág. 232.
5. *Ibid.*, págs. 86 y ss.
6. Abélés, J. *Anthropologie du politique*, págs. 85 y ss.
7. A. Gehlen. *El hombre*, págs. 85 y ss., pág. 94.
8. M. Scheler. *El puesto del hombre en el cosmos*, cap. VI.
9. Ph. Cheah, B. Robbins, eds. *Cosmopolitics*, págs. 362 y ss.

8. Moral cosmopolita

1. D. Zolo. *Cosmópolis*, págs. 101 y ss.
2. P. Singer. *Un solo mundo*, pág. 163 ss.
3. J. Rawls. *El derecho de gentes*, pág. 133 y ss.
4. D. Zolo. *Cosmópolis*, pág. 165 y ss.
5. G. Simmel. *Sociología*, II, pág. 381 y ss.
6. A. Adler. *Conocimiento del hombre*, pág. 139 y ss.
7. B. Chatwin. *Anatomy of Restlessness*, págs. 86-87.
8. J.-J. Rousseau. *Emilio*, V, "Viajes".
9. A. Adler, *ib.*, pág. 139 y ss.
10. Para el fundamento filosófico de una ética cosmopolita, puede verse mi libro *Ética intercultural*.

9. El gusto por la diversidad

1. B. Anderson. *Immagined communities*, pág. 163 y ss.
2. B. Anderson, *ib.*, págs. 4-7.
3. M. Lacroix. *Le culte de l'émotion*, cap. 3.
4. B. Chatwin. *Anatomy of Restlessness*, pág. 85.
5. N. Elias. *Involvement and Detachment*, LXXI. También, y sobre la *self-distance*, pp. XXX-XXXVIII.
6. N. García Canclini. *La globalización imaginada*, pág. 198 y ss.
7. Z. Bauman. *Postmodern Ethics*, pág. 170 y ss.
8. R. Sennet. *The Fall of Public Man*, pág. 137; Z. Bauman, *Postmodern Ethics*, pág. 172 y ss.
9. Ch. Baudelaire. "Le peintre de la vie moderne", en *Écrits esthétiques*.
10. R. Sennet. *The Fall of Public Man*, pág. 17 y ss.
11. J. Urry. *Sociology beyond societies*, cap.2, pág. 191 y ss.

10. El horror al domicilio
1. Ch. Baudelaire. *Mon coeur mis à nu.*
2. A. W. Johnson. *La evolución de las sociedades humanas*, págs. 54-55.
3. Ibn-Khaldûn. *Discours sur l'histoire universelle*, pág. 187 y ss., pág. 217 y ss.
4. B. Chatwin. *Anatomy of Restlessness*, págs. 101-103.
5. *Ibid.*, pág. 106.
6. G. Lakoff, M. Johnson. *Philosophy in the flesh*, págs. 236 y 265-266.
7. B. Chatwin, *ibid.*, pág. 102.
8. *Ibid.*, pág. 178 ss.
9. A. Badiou. *San Pablo. La fundación del universalismo*, pág. 107 y ss.
10. W. Benjamin. "París, capital del siglo XIX", *Iluminaciones*, II.

11. En casa en todas partes
1. R. Sennet. *The Fall of Public Man*, pág. 39.
2. G. Simmel. *El individuo y la libertad*, págs. 260-261.
3. S. Huntington. *El choque de civilizaciones*, pág. 50 y ss.

12. Extranjero en casa
1. S. Zweig. *Nietzsche*, cap. 9.
2. *Ibid.*, cap. 2.
3. G. Simmel. *Sociología*, II, pág. 318 y ss.
4. J.-J. Rousseau. *Rêveries*, V Promenade.
5. I. Eibl-Eibesfeldt. *Biología del comportamiento humano*, pág. 202 y ss.
6. *Ibid.*, pág. 213.
7. J. Derrida. *On Cosmopolitanism*, págs. 16-17.
8. N. Bilbeny. *Ética intercultural*, pág. 74 y ss.
9. A.W. Johnson. *La evolución de las sociedades humanas*, pág. 55.
10. J. Derrida, *ibid.*, pág. 4 y ss.

13. El mito de las identidades concéntricas
1. J. Clifford. *The Predicament of Culture*, pág. 263.
2. M. Augé. *Los no lugares. Espacios del anonimato*, pág. 83 y ss.
3. *Ibid.*, 29.
4. H. Arendt. *Los orígenes del totalitarismo*, pág. 343 y ss.
5. H. Sidgwick. *The Elements of Politics*, pág. 308 y ss.
6. E. Gellner. *Nations and Nationalisms*, pág. 6.
7. D. Miller. *Sobre la nacionalidad*, págs. 224-225.
8. *Vid.* M. Nussbaum, ed. *Los límites del patriotismo*, pág. 136.
9. U. Beck. *Libertad o capitalismo*, pág. 180 y ss.

10. A. W. Johnson. *La evolución de las sociedades humanas*, págs. 134-135.
11. H. Sidgwick. *The methods of Ethics*, pág. 246; J. Kristeva, *Strangers to Ourserlves*, pág. 41.
12. D. Heater. *World Citizenship*, pág. 44 y ss.
13. M. Nussbaum, ed. *Los límites del patriotismo*, pág. 20.
14. F. Meinecke. *Cosmopolitanism and the National State*, cap. 1.
15. P. Singer. *Un solo mundo*, pág. 167 y ss.
16. G.P. Zachary. *The Global Me*, pág. 277 ss.

14. La fidelidad al paisaje

1. A. Appadurai. "The production of local", *Modernity at Large*.
2. N. Bilbeny. *Sócrates. El saber como ética*, pág. 14 y ss.
3. E. Gellner. *Nations and nationalism*, "Conclusion".
4. A. Appadurai. *Modernity at Large*, cap. VIII.
5. J. Ortega y Gasset. *Notas de andar y ver*, págs. 49-53.
6. Ph. Cheah. B. Robbins, eds., *Cosmopolitics*, pág. 107.
7. J.-P. Vernant. *Mito y pensamiento en la Grecia antigua*, pág. 135 y ss.
8. Ph. Cheah, *op.cit.*, págs. 12-13; M. Nussbaum, ed., *Los límites del patriotismo*, púg. 36.

15. La opción cosmopolita

1. J. Rée. "The experience of nationality", en Ph. Cheah, B. Robbins, eds., *Cosmopolitics*, pág. 83.
2. M. Finley. *The Use and Abuse of Ancient History*, págs. 121-127.
3. E. Kamenka. *Nationalism*, pág. 8.
4. R. Rorty. "Justice as a larger loyalty", en Ph. Cheah, B. Robbins, eds., *Cosmopolitics*, págs. 55-57.
5. B. Parckh. *Cosmopolitanism*.
6. P. Singer. *Un solo mundo*, pág. 161.
7. A. Appiah, "Cosmopolitan patriots", en Ph. Cheah, B. Robbins, ed., *Cosmopolitics*, pág. 106 y ss.
8. M. Nussbaum, ed. *Los límites del patriotismo*, pág. 13 y ss.
9. N. Bilbeny. *Política sin Estado*, pág. 200 y ss.
10. Id. *Europa después de Sarajevo. Claves éticas y políticas de la ciudadanía europea*, pág. 258 y ss.

BIBLIOGRAFÍA

Abélès, J. *Anthropologie du politique*. París: Colin, 1997.

Adler, A. *Conocimiento del hombre*. Madrid: Espasa, 1968.

Anderson, B. *Imagined communities*. Londres: Verso, 1983. [Versión en castellano: *Comunidades imaginadas*. México D.F.: Fondo de Cultura Económica, 1993.]

Appadurai, A. *Modernity at large: Cultural Dimensions of Globalization*. Minneapolis: University of Minnesota Press, 2001.

Arendt, H. *Los orígenes del totalitarismo*. Madrid: Taurus, 1974.

Aristóteles. *Política*. Madrid: Gredos, 1988.

Augé, M. *Los no lugares. Espacios del anonimato*. Barcelona: Gedisa, 1997.

— *¿Por qué vivimos? Por una antropología de los fines*. Barcelona: Gedisa, 2003.

Badiou, A. *San Pablo. La fundación del universalismo*. Barcelona: Anthropos, 1999.

Baudelaire, Ch. *Ecrits esthétiques*. París: Flammarion, 1998.

— *Mon coeur mis à nu: journal intime*. París: Maximilian Vox, 1945. [Versión en castellano: *Mi corazón al desnudo*. Barcelona: Círculo de Lectores, 2005.]

Bauman, Z. *Postmodern Ethics*. Oxford: Blackwell, 1993. [Versión en castellano: *Ética posmoderna*. México D.F.: Siglo XXI, 2003.]

— *Vidas desperdiciadas*. Barcelona: Paidós, 2005.

Beck, U. *La sociedad del riesgo*. Barcelona: Paidós, 1998.

— *Libertad o capitalismo*. Barcelona: Paidós, 2002.

Benjamin, W. *Iluminaciones, II*. Madrid: Taurus, 1979.

Bilbeny, N. *Democracia para la diversidad*. Barcelona: Ariel, 1999.

— *Ética intercultural. La razón práctica frente a los restos de la diversidad cultural*. Barcelona: Ariel, 2004.

— *Europa después de Sarajevo. Claves éticas y políticas de la ciudadanía europea*. Barcelona: Destino, 1996.

— *Política sin Estado. Introducción a la filosofía política*. Barcelona: Ariel, 1998.

— *Por una causa común. Ética para la diversidad*. Barcelona: Gedisa, 2002.

— *Sócrates. El saber como ética*. Barcelona: Península, 1998.

Bourdieu, P. *Contre-feux II*. París: Liber, 2001. [Versión en castellano: *Contrafuegos 2: por un movimiento social europeo*. Barcelona: Anagrama, 2001.]

Boyd, R., Silk, J.B. *Cómo evolucionaron los humanos*. Barcelona: Ariel, 2001.

Calhoun, C. *Nationalism*. Minneapolis: University of Minnesota Press. 2003.

Chatwin, B. *Anatomy of restlessness*. Nueva York: Penguin Books, 1997. [Versión en castellano: *Anatomía de la inquietud*. Madrid: Anaya & Mario Muchnik, 1997.]

— *What Am I Doing Here?* Londres: Pan Books, 1990. [Versión en castellano: *¿Qué hago yo aquí?* Barcelona: Quinteto, 2003.]

Cheah, Ph., Robbins, B. *Cosmopolitics. Thinking and feeling beyond the nation*. Minneapolis: University of Minnesota Press, 1998.

Derrida, J. *Le droit à la philosophie du point de vue cosmopolite*. Verdier, P., 1998.

— *On Cosmopolitanism and Forgiveness*. Londres: Routledge, 2001.

Descartes, R. *Discurso del método*. Madrid: Espasa, 1970.

Dower, N., Williams, J. *Global Citizenship*. Edimburgo: Edinburgh University Press, 2002.

Eibl-Eibesfeldt, I. *Biología del comportamiento humano*. Madrid: Alianza, 1993.

Elias, N. *Involvement and detachment*. Oxford: Blackwell, 1987. [Versión en castellano: *Compromiso y distanciamiento*. Barcelona: Península, 2002.]

Finley, M. *The use and abuse of Ancient History*. Londres: Hogarth Press, 1986.

García Canclini, N. *La globalización imaginada*. Barcelona: Paidós, 1999.

Gehlen, A. *El hombre*. Salamanca: Sígueme, 1980.

Gellner, E. *Notions and nationalisms*. Oxford: Blackwell, 1983. [Versión en castellano: *Naciones y nacionalismo*. Madrid: Alianza, 2003.]

Habermas, J. *La inclusión del otro*. Barcelona: Paidós, 1999.

Heater, D. *World Citizenship. Cosmopolitan Thinking and its opponents*. Londres: Continuum, 2002.

Hobsbawm, E., Ranger, T., eds. *The invention of tradition*. Nueva York: Columbia University Press, 1993. [Versión en castellano: *La invención de la tradición*. Barcelona: Crítica, 2002.]

Huntington, S. *El choque de civilizaciones*. Barcelona: Paidós, 1997.

Hutchinson, J., Smith, A.D. *Ethnicity*. Oxford: Oxford University Press, 1996.

Ibn-Khaldûn. *Discours sur l'histoire universelle*. París: Actes Sud, 1997.

Ignatieff, M. *Blood and belonging*. Londres: Vintage, 1994.

Johnson, A.W., Earle, T. *La evolución de las sociedades humanas*. Barcelona: Ariel, 2003.

Kamenka, E. *Nationalism*. Nueva York: Saint Martin's Press, 1976.

Kant, I. *Crítica del juicio*. Madrid: Espasa, 1977.

— *Ideas para una historia universal en clave cosmopolita*. Madrid: Tecnos, 1987.

— *Metafísica de las costumbres*. Madrid: Tecnos, 1989.

Kelsen, H. *Teoría general del Estado*. Barcelona: Labor, 1934.

Kristeva, J. *Stranges to ourselves*. Nueva York: Columbia University Press, 1991. [Versión en castellano: *Extranjeros para nosotros mismos*. Barcelona: Plaza & Janés, 1991.]

Lacroix, M. *Le culte de l'émotion*. París: Flamarion, 2001

Lakoff, G., Johnson, M. *Philosophy in the flesh*. Nueva York: Basic Books, 1999.

Marco Aurelio. *Meditaciones*. Madrid: Alianza, 1993.

Meinecke, F. *Cosmopolitanism and the National State*. Princeton: Princeton University Press, 1970.

Miller, D. *Sobre la nacionalidad*. Barcelona: Paidós, 1997.

Nietzsche, F. *El viajero y su sombra*. Madrid: Edaf, 1985.

Nussbaum, M., ed. *Los límites del patriotismo*. Barcelona: Paidós, 1999.

Ortega y Gasset, J. *Notas de andar y ver*. Madrid: Alianza, 1988.

Rawls, J. *El derecho de gentes*. Barcelona: Paidós, 2001.

Robbins, B. *Secular vocations*. Londres: Verso, 1993.

Rousseau, J.-J. *Dialogues. Rêverios*. París: Larousse, 1972

— *Emilio o la educación*. Madrid: Promoción y Ediciones, 1986.

Scheler, M. *El puesto del hombre en el cosmos*. Buenos Aires: Losada, 1968.

Sennet, R. *The Fall of Public Man*. Cambridge: Cambridge University Press, 1977.

Sidgwick, H. *The elements of politics*. Londres: Macmillan, 1897.

— *The Methods of Ethics*. Londres: Macmillan, 1907.

Simmel, G. *El individuo y la libertad*. Barcelona: Península, 1986.

— *Sociología*. Barcelona: Edicions 62, 1988.

Singer, P. *Un solo mundo. La ética de la globalización*. Barcelona: Paidós, 2003.

Smith, A.D. *Nations and Nationalism in a Global Era*. Cambridge: Polity Press, 1994.

Todorov, T. *L'homme dépaysé*. París: Seuil, 1996. [Versión en castellano: *El hombre desplazado*. Madrid: Taurus, 1997.]

Tomlinson, J. *Globalization and Culture*. Cambridge: Polity Press, 1999.

Toulmin, S. *Cosmópolis. El trasfondo de la modernidad*. Barcelona: Península, 2001.

Tuan, Yi-Fu. *Cosmos y hogar. Un punto de vista cosmopolita*. Barcelona: Melusina, 2005.

Urry, J. *Sociology beyond societies*. Londres: Routledge, 2000.

Vernant, J.-P. *Mito y pensamiento en la Grecia antigua*. Barcelona: Ariel, 2001.

Vertovec, S., Cohen, R., eds. *Conceiving cosmopolitanism*. Oxford: Oxford University Press, 2002.

Zachary, G.P. *The Global "Me". New Cosmopolitans and the Competitive Edge*. Nueva York: Publicaffairs, 2000.

Zolo, D. *Cosmópolis. Perspectivas y riesgos de un gobierno mundial*. Barclona: Paidós, 1999.

Zweig, S. *Nietzsche*. París: Stock, 2004.

ÍNDICE